U0896762

尼采传

[德] 弗里德里希·威廉·尼采（Friedrich Nietzsche） 著
邹园艳 译

中华工商联合出版社

图书在版编目（CIP）数据

尼采传 /（德）弗里德里希·威廉·尼采著；邹园艳译 . -- 2 版 . -- 北京：中华工商联合出版社，2018.8（2021.7 重印）

ISBN 978-7-5158-2351-5

Ⅰ . ①尼… Ⅱ . ①弗… ②邹… Ⅲ . ①尼采（Nietzsche, Friedrich Wilhelm 1844-1900）—自传—青少年读物 Ⅳ . ① B516.47-49

中国版本图书馆 CIP 数据核字（2018）第 123683 号

尼采传

作　　者：[德] 弗里德里希·威廉·尼采（Friedrich Nietzsche）
译　　者：邹园艳
责任编辑：林　立　崔红亮
装帧设计：北京东方视点数据技术有限公司
责任审读：魏鸿鸣
责任印制：迈致红
出版发行：中华工商联合出版社有限责任公司
印　　刷：唐山富达印务有限公司
版　　次：2018 年 9 月第 1 版
印　　次：2021 年 7 月第 2 次印刷
开　　本：710mm × 1020mm　1/16
字　　数：150 千字
印　　张：8
书　　号：ISBN 978-7-5158-2351-5
定　　价：78.00 元

服务热线：010-58301130
销售热线：010-58302813
地址邮编：北京市西城区西环广场 A 座 19-20 层，100044
http: //www.chgslcbs.cn
E-mail: cicap1202@sina.com（营销中心）
E-mail: gslzbs@sina.com（总编室）

序

这套励志书由两部分内容组成，一是大师传记，二是名家文集。前者记述大师的人生事迹，评点他们的精彩瞬间；后者辑录名人的文章言论，展示他们的才华睿智。所选者，无不是成功的人生，无不是为后人所推崇和敬仰的人。对于我们每一个人来说，他们都是后人追求的榜样，励志的灯塔。其实，古往今来，所有的成功者，他们的人生和他们所激赏的人生，不外是："有志者，事竟成。"

励志是动宾结构的词，励是磨砺，志是志向，放在一起就是磨砺志向。所以说，励志不是简单的立志，是要像把刀放在石头上磨才能锋利一样，这个磨砺，也不是轻而易举地摩擦一下，而是要下力气的，对刀来说，不仅要把自身的锈磨掉，还要把多余的部分都要毫不留情地磨掉，这简直是一场磨难。所有绚丽的人生都是用艰难磨砺成的，砥砺生命放光华。可见，励志至少有三层意思：

一是立志。国人都崇拜的一本书叫《易经》，那里面有一句话说："天行健，君子以自强不息。"这是一种天人合一的理念，它揭示了自然界和人类发展演化的基本规律，所以一切圣贤伟人无不遵循此道。当然，这里还有一个立什么样的志的问题，孔子说："士不可以不弘毅，任重而道远。”古往今来，凡志士仁人立的都是天下家国之志。李白说：大丈夫必有四方之志，白居易有诗曰：丈夫贵兼济，岂独善一身，讲的都是这个道理。

二是励志。有了志向不一定就能成事，《礼记》里说：“玉不琢，不成器。”因为从理想到现实还有很大的距离。志向须在现实的困境中反复历练，不断考验才能变得坚韧弘毅，才能一步一个脚印地逐步实现。所以拿破仑说：真正之才智乃刚毅之志向。孟子则把天将降大任于斯人描述得如此艰难困苦。我们看看历代圣贤，从三大宗的创始人耶稣、默哈穆德、释迦牟尼到孔夫子、司马迁、孙中山，直至各行各业的精英，哪一个不是历经磨难终成大业，哪一个不是砥砺生命放射出人生的光芒。

三是守志。无论立志还是励志都不是一朝一夕、一蹴而就的，它贯穿了人的一生，无论生命之火是绚丽还是暗淡，都将到它熄灭的最后一刻。所以真正的有志者，一方面存矢志不渝之德，另一方面有不为穷变节、不为贱易志之气。像孟子说的那样：“富贵不能淫，贫贱不能移，威武不能屈。”明代有位首辅大臣叫刘吉，他说过：“有志者立长志，无志者常立志。”这话是很有道理的。

话说回来，励志并非粘贴在生命上的标签，而是融汇于人生中一点一滴的气蕴，最后成长为人的格调和气质，成就人生的梦想。不管你做哪一行，有志不论年少，无志空活百年。

希望你能喜爱这套励志书，让它点燃你的生命之火，让人生变得更加绚烂。

徐　潜

前　言

弗里德里希·尼采（Friedrich Nietzsche，1844~1900年），德国著名哲学家、西方现代哲学的开创者、散文家、诗人。他的学说对后代哲学的发展影响深远，但这些学说在他所生活的时代并不被认同，直到20世纪才得到了回应。

1844年，尼采出生于普鲁士萨克森州勒肯镇附近洛肯村的一个乡村牧师家庭，祖父是一位虔诚的基督徒，父亲是一位新教牧师。5岁那年，父亲死于脑软化症，紧接着，两岁的弟弟不幸夭折。亲人的接连去世，为尼采幼小的心灵蒙上了一层阴霾，致使他的性格变得忧郁内敛。随后，母亲带他和妹妹迁居瑙姆堡。尼采就读于瑙姆堡文科中学，尤其喜爱文学与音乐。陌生的环境让本来忧郁的尼采变得更加沉默寡欢，这时音乐和诗歌成了他寄托思想的乐园。就像尼采自己描述的："那些本该普照在孩童身上的阳光忽略了我，我已经过早学会了成熟的思考。"

尼采在24岁时成了巴塞尔大学的教授，并开始发表创作。代表作品有《悲剧的产生》《查拉图斯特拉如是说》《善恶的彼岸》等。

1889年1月7日，尼采摔倒在意大利街头，神经因此错乱。人们将他送进了疯人院，但不久之后，他的母亲就把他接回了家。他一生中的最后 11 年是在母亲和妹妹的照料下度过的。 1900 年 8 月 25 日，尼采在魏玛去世，享年 55 岁。

尼采作为给西方哲学带来震颤的生不逢时的思想大师，其一生是不幸的，因为他活得异常清醒理智，以至于无法忍受所有的愚昧，而这也是他不幸的原因之一。病痛的折磨摧残着他的肉体，而长期无人理解的孤寂感也总是包围着他。他终生未娶，少有朋友。然而，他却用思考和写作成就了自己，任何一个不带偏见的人阅读他的作品，总会被他的勇气和文采深深折服。他的文字里洋溢着启示和预告，他是一个高瞻远瞩者，带给人无尽的思考。他既有哲学家深邃的洞见，又有诗人的澎湃激情。他用短暂的一生，构建了一个辉煌的帝国，对后代哲学，尤其是存在主义和后现代主义产生了深远的影响。

目　录

序　言

一

面对着大家，不久后我就会提出比以往更加严肃而认真的要求。我似乎必须将我的所思、所想结成书稿，向密密匝匝的人群中掷去。当然，在这之前，向世人揭示我的面容是在所难免的。其实，人们对于我并不陌生，就像每天人们的视线都会略过自己屋前的风景那般，他们显得很不屑，但却能感受到我的存在，因为我从未将自己刻意隐藏，我的声音时时回荡。但是，我肩负的巨大事业与我渺小的人物本身之间的悬殊极不协调，让人们对我所说的话难以置信，这是绝对的事实。人们既不听我的发问，也看不到我的面目。可我依旧活着，而且是很自信地活着，难不成我的存在还要成为一种人们嘴里的假设吗？酷暑之日，我去恩丁加山[1]上避暑，在瑞士因河所经过的山谷之中，我恍然大悟，原来我并非只是活着的人。在这样的一种情景之

① 恩丁加山：在瑞士因河所流经的山谷，是有名的修养之地，尼采曾在此居住。

下，一种责任感油然而生，这也是我的义务，我需要释放我的天性，即使这违背了我的习性，甚至还会挑战我的尊严，可我依然要在人群中跃起，大声地说："听好了！我就是这样一个人，决不能将我和世俗之人混为一谈！"

二

不是恶魔，更不是伦理道德的怪物——我是一个天性与至今世人所敬仰的道德高尚之人截然相反的典型啊！照我看来，在这些人当中，这恰恰是我的难能可贵之处。我是宇宙之子狄俄尼索斯[①]的门徒，然而，在我成为世人眼中的圣人之前，我情愿做一个人形牛耳牛尾的萨特尔[②]。不过，还是请试着读一读我的文章吧！除了用愉快、和善的态度向人们诉说这种对立之外，其实我并无他意。也许我会因此成功。我所有承诺的最终目标，就是要去"改善"人类。请放心，我是不会去塑造新偶像的，我只是热切地期盼旧偶像可以明白他那泥塑的双腿是多么虚弱。

偶像，也是我的理想。但它被打倒在地，似乎又是出自我的手笔。当人们迫切地塑造出一个理想世界之后，也势必将现实的价值、意义，以及它的真实性一股脑儿抛诸脑后，也彻底地被摧毁了……很明显，"真实世界"和"现实世界"换句话说，便是虚构的世界和现实……理想的谎言如今成了真实的嘲讽，仍被狠狠地嘲笑着，人们也

① 狄俄尼索斯（Dionysos）：希腊神话中宙斯与忒拜公主塞墨勒的儿子，酒神、植物神、繁殖神与狂欢之神。

② 萨特尔（Satyr）：希腊神话中狄俄尼索斯的随从，是田地与森林之神。

因此坠入了本性的最底端而彻彻底底地沦为了虚伪者——甚至一直膜拜那些完全背道而驰的价值，直到灵魂与意愿相反。而那些蕴藏着他们日后繁荣、美好的未来，以及将来所拥有的权利的价值，反倒被他们视而不见，自动忽略了。

三

只要有人沉浸在我的作品之中，就能够读懂我的内心，就会明白我的作品中蕴含着一股朔朔高原之风，一股强劲席卷之风。人们应当自己去寻找条件努力适应，否则便会在这朔朔之风的包围中濒危、冰冷，危险不言而喻。风自飚冲，雨雪交杂，寂寞袭来，无穷无尽——但一切的一切在温暖阳光下是多么静谧安详！连每一次呼吸都能让人感到无与伦比的自在和惬意啊！哲学，不就正是像我所了解并且亲身体验到的那般，自由自在地生活在嶙嶙高山与茫茫冰雪中——既对生活中所有新奇的、怀疑的事物加以探索，也对至今被伦理道德所束缚的一切事物进行探讨、追究。凭借我长期行走在禁止地带的经验，我终于查明了道德化与理想化的缘由，它与我们往日里所知晓并铭记的答案截然不同。哲学家们急欲隐藏的秘密、贪图成名的心理，我早已了然于心。

一个头脑能够承载多少真理，又能够产生多少真理呢？这就是我日益觉得正确的价值准绳，也是我衡量事物的标准。错误——对理想的信仰——并不是因为盲目听从，而是因为自身的怯懦……每一次奋发进步，每一次智慧与见识的增长，无一不是因为鼓足勇气的迈进和在自我激励、自我净化下产生的。我，并不反对理想，但我会戴上手套，此生绝不与之接触。那些为人们追求的被禁制的事物开始熠熠生辉，散发出了光芒，这恰好也证明了我的哲学是胜利的。因为，至今为止，人们想彻底禁锢的，不过也就是真理罢了。

四

在我的著作中，《查拉图斯特拉如是说》是独立而特别的存在。它是我给予人类的前所未有的一大贡献。这部书中有响彻千年的呼喊，它是人类所有书中一部位居高原之巅的书，所有人类的一切，都是居于其下的。同样，它也是最博大精深的一部，它源于最深邃的真理，犹如不竭的源泉，时刻都能汲出黄金和珠宝，所有的触及者都会满载而归。当然，站在这里说话的不是先知，也不是宗教家，这是神鸟的鸣唱，人们一定会虔诚地聆听“查拉图斯特拉”口中所发出的呼喊，让其智慧的灵光不至没落。弄潮儿是用安静的语言和沉默的思想来支配世界的。

无花果从枝头落下，美好而芬芳，当它们从空中下坠的时候，被剥去了红皮，我便是那阵北风，促使其成熟。

我的朋友啊，这些学说正如那坠落的无花果，品尝它们吧，品尝那甘甜的汁液和果肉。抬起头看看那晴朗的天空和那高远的白昼，是的，秋天已经来了。

这不是梦呓者的呢喃，也不是要人们勉强坚信的教义，而是从那洋溢着无尽的光辉和快乐的晨酣中，落下的跃动的旋律和舒缓的点点滴滴。这里的一言一语，不是随便什么人就可以听到的，只能是那些达到极致的人们，他们才享有倾听“查拉图斯特拉”话语的优先权。

那么，他莫非是一个引诱者吗？当他第一次回归到他的寂寞中，他在说着什么呢？与任何的先知、先哲、救世主或其他颓废者所说的完全相反，不但其所言完全相反，就连其根源也绝对不同。

我独自走了，我的孩子们！你们也赶紧离开吧！我愿意与孤独为伴。

一旦离开，要提防“查拉图斯特拉”，最好耻笑他，也许他是在骗你们。

对待朋友和敌人，理智的人心里都有一架持衡的天平，恨与爱的分量相同。

人，不可能一辈子甘心做学生，总会寻找各种机会去做老师。那么，你们为什么还不来扯去我的桂冠呢？

你们崇拜我，倘若某天你们的偶像倾倒了，又能怎样呢？请记得，千万别被一个石像压倒。

你们说，你们信仰“查拉图斯特拉”，这又能怎样呢？你们成为我的信徒，但成为信徒，又能怎样呢？

你们迷失了自己，却遇到了我，所有的信徒皆是如此，因此，信仰也是无足轻重的。

现在，我想让你们丢开我，去寻找自己；当你们都否定我的时候，我自然会回到你们身边。

——弗里德里希·尼采

葡萄变紫的时候，一切都成熟了。在这晨光渐满之时，一道光照射在我的身上，我回顾，我前瞻，我从未有一次性看到这么多这么好的事物。直至今日，时间葬送了我 44 年的光阴，然而，我所有的作为并非徒然，我敢于将它葬送，因为在这光阴之中的生命，是得到拯救的，是不朽的。《重估一切价值》《查拉图斯特拉如是说》《狄俄尼索斯之颂》《偶像的黄昏》，所有这些都是这一年中的馈赠。尤其，在这最后的一季中，我又怎么能不感谢我的生命呢？于是，我将我生命的印记发表。

我为什么这样智慧

一

每个人生活当中的幸福都有所不同，而能使我的幸福区别于他人的最大特质就是源源不断的坏运气了。举个拗口的例子来说，就是我如果像我的父亲那般，我早已离开了人世；如果像我母亲那般，我还活着并且日渐衰老。这两种原因，就好比生命阶梯中最高一级与最低一级的堕落和飞升——借此可以想想为什么，这也正好可以明显解释出生命中林林总总的问题，说明生命中紧密相连却又不同于彼此的中立性和自由性，这些恰恰使我超凡脱俗。对于这种堕落和飞升，我有着异乎常人想象的、细微而又敏感的察觉力，在这个方面，我是最好的老师——我知晓堕落与飞升，我也存在于这期间——我的父亲在他36岁的时候去世了：他很温柔、和蔼但却多病，像一个注定会一闪而过、滑落苍穹的流星——成为生命里锐利的记忆，而不仅仅是他生命本身。在他的生命凋零殆尽的同时，我的生命也开始衰落下去：36岁是我生命力最最脆弱的时刻——我虽然依旧活着，但是，严重近视的我甚至连我面前短短的三五步路都不能看清。那是在 1879 年，我放弃自己在巴扎尔大学的教授工作，像个幽灵一样在圣摩里茨度过了整个夏天；第二年冬天，似乎是我一生中最最缺少阳光的一个冬天，我又像个幽灵一样居住在瑙姆堡。这便是我生命中的低谷，《流浪者和他的影子》这本书即写于这段时间。毫无疑问，那时的我对阴影的理解颇有心得……那个冬天，是我在热那亚修养的第一个冬天，血液与肉体极端的疲病匮乏，以及神智的恍惚与沉醉促成了《朝霞》的问世。这本书中所描写的那种纯粹而自然的光明、灵动的喜悦和精神的旺盛，不但印刻着我强大而深沉的生理弱点，同样，也允斥着我内心极度痛苦的心情。在连续不断的 3 天头痛与并发呕吐的病苦中，我始终保持着一种美好的辩证精神，并且十分冷静地思考着那些在平日健康状态下反而不能静心、尽情思考的事情。我的读者们应该知道我是怎样把辩证法当作颓废的象征的，例如，在最著名的苏格拉底[①]的事件上。一切关于理智方面的病态的扰乱，比如发烧之后的半昏迷状态，对于我而言，都是极为不了解的，这些直到我向学者咨询时才将它的性质和它发生的原因弄清楚。我的血液流淌得十分缓慢，也从来没有人诊断出我发烧究竟是因为什么。一位医生把我当作神经病治疗了很长时间，到最后却说："错了！你的病不是因为神经出问题导致的，倒像是我自己有点发神经了。"一些局部的病变，当然无法证明没有一定的肠胃病；尽管每每在劳累过度之后，腹部会发生全面的衰竭。而我的眼疾也是一样，虽然离失明已经不远了，但这也仅仅

① 苏格拉底（Sokrates，约前 469~ 前 399 年）：古希腊著名的哲学家、思想家，西方哲学的奠基人。

是后果，并非原因。以致哪怕生命力有稍许的增长，视力也会跟着进步。我的康复只怕是要历经漫长的岁月了。遗憾的是，同时它也意味着旧病复发、恶化和这种重复、颓废的周期。难道我还有必要介绍我在颓废方面有着深刻的经验吗？我早已对它了如指掌。像认识与了解的精密艺术，捕捉色彩斑斓的精致感觉，明察秋毫的心理学，以及我所拥有的其他本领，都是我的观察和我的感官在那个细微时代给我的赠品，这些都是从那个时候学来的。从充满病态的眼光出发去考察健康的意义和价值，反之亦从丰富的生活中自信地俯视颓废本能的隐秘活动——这是我长期的训练，更是我宝贵的经验；所以无论它身在何处，我都是它的主人。现在我已经胸有成竹了。我拥有转移视线的本领，这也就是为什么只有我或许能够将价值重新评估的第一个理由。

二

与此同时，我既是个颓废的人，也是与之对立的人。可以证明这一点的其中一个缘由，就是我经常可以在非常恶劣的情况中本能地采取适当的自我防卫措施，来保护自己；然而，一个非常颓废的人则往往采取损害自己的办法。从宏观上来看，我很健康；但是从微观上来看，兴许是十分颓废的。那种趋向极致的孤独和意图从这些环境之中脱离出来的力量，以及自己强行制止对自己的供给，忧心和疗养——都与我本性的聪慧截然相反，并且在那一时刻痛苦不堪。我必须真正主宰自己，让自己重返健康；而使之达成的前提条件——任何生物学家也都承认的——那就是自己本身就是健康的。一个典型的多病缠身的人是不可能健康起来的，更别提自我康复了；相反，对于一个典型的健康无碍的人来说，一种病痛却有可能成为生命中的兴奋剂和得以长寿的必要因素。所以，在事实上我虽然处在长期生病的病痛期，与此同时，我发现自己的生命在不断地演进；也深深地体会到了普通人在平时不容易感受到的一切美好和渺小的事物——于是在渴求健康、渴求生命的意念之中，我创立了自己的哲学……因为旁人会看到，在我停止成为颓废主义者的时候，正值我生命力最最枯竭衰落之时，“自我恢复”的强大意念决不允许我有着贫瘠、低沉的哲学……然而我们又该如何辨识这种卓越的人呢……一个卓越的人总会带给我们一种温良如玉的感觉，他仿佛是由一块坚硬、温润而且散发着幽香的木头所雕刻而成的。他只会享受对他身心而言健康有益的东西；一旦超过了这个尺度，他的兴致和欲望也就戛然而止了。他会用良药来治愈损伤，他也会利用并不怎么好的机会，变害为益；那些凡是不能将他置于死地的东西，都反而使他变得更坚强有力。他本能地收集所见、所闻、所感的一切材料。因为他就是遴选一切的原则，他淘汰了许多东西。无论是看书、交友，或是欣赏景物，都与他心中的世界紧紧关联。凡是被他选中、认可并且信赖的东西，他便给予尊重。对一切外界的刺激，他总是反应得很迟缓，那种往日的远见卓识和高贵从容所铸就的迟缓性——他体验着外界所带来的刺激，却有所抗拒，不愿亲近。他不相信所谓的“不幸”或者“罪恶”，他能够对付旁人，也能够对付自己，他很清楚该怎样忘却——他是那样坚强，拥有支配一切的力量——好了，这些都是在讲我自己，我是与颓唐之人截然相反的存在。

三

这种双重的经历，这种似乎截然不同的两个世界的趋向，从我天性的任何层面来看，都是重叠在一起的。我是一个游离在多种性格之间的人，在一副面孔之外还有另外一副，哦，兴许还有第三副……从我的家庭背景来讲，这个眼光可不能仅仅放在某个地方，抑或是某个国家的范围之内这么简单，对于我而言，被称之为一个“优秀的欧洲人”再恰当不过了。另外，我似乎比现代的德国人或者是德国国民要更加像德国人，更加“根正苗红”——我，这最后的反政治的德国人。但是，我的祖先却是波兰贵族；我的血脉里也因此包含着多样的民族性，谁知道呢？而且还具有自由否决的权利。想起我在旅行的时候总是会被人当作波兰人，就连波兰人也会把我认作波兰人这件事时，慢慢地，我似乎真的成了似是而非的德国人了。但是我的母亲弗兰切斯卡·奥勒（Franziska Oehler）不管怎样都是地地道道的德国人，祖母艾德穆特·克劳斯（Erdmuthe kruase）也是这样。而且我的祖母幼年一直在魏玛[①]城度过，并且与歌德那些人有过交往。她的兄弟是宗教学教授克劳雪，在赫德[②]死后，继任为魏玛之学务总长。他的母亲，也就是我的曾祖母，早在歌德幼年的日记中就被写作“姆姆”。她再嫁的就是爱伦堡（Eilenburg）城的宗教会长——我的祖父尼采氏。在拿破仑及其部属入侵爱伦堡的1813年，在那年的10月10日我的父亲便降临人间。虽然曾祖母是撒克逊人，但她依然是拿破仑疯狂而热烈的信徒，所以

① 魏玛（Weimar）：德国中部的一座城市，是歌德的故乡。

② 赫德（ Herder，1744~1803年）：德国古典人文主义作家、启蒙哲学家。

我是和她有相同的气质。我的父亲，生于1813年，逝于1849年。在他担任吕岑城（Lü tzen）附近宗教协会的长老之前，他曾多年在亚吞布格宫教授四位公主。这四位女学生便是后来的汉诺末耳皇后、康斯坦丁公爵夫人、阿登伯格侯爵夫人和撒克逊亚吞布格公主梯莱雪。他对普鲁士皇帝弗里德里希第四世忠诚无比，长老一职也是皇帝陛下恩赐的，但是1848年的动乱也让他心生悲哀。我就是在那年10月15日出生的，这也正好是皇帝的生日，因此我也特别轻松地得到了荷亨佐伦皇室的名号——弗里德里希这个名字，这是多么幸运啊！和皇帝生在同一天的好处就是：在我小的时候，我的生日总是休假日。我认为有这样一位父亲是一种莫大的幸福，这也是生命中我能拥有其他幸福的原因。当然，这种生命和生命注定伟大是毫无瓜葛的，而且我并没有刻意准备，生命就是会静静地等待我们不自觉地进入到一个高尚美丽的世界中去；在那个世界里，我会感受到安宁，我的情感才会自由起来，奔驰开来，我几乎用我的生命去交换了这种美丽的幸福，这也实在不是一件容易的事，但的确也不亏——如果你们愿意从《查拉图斯特拉如是说》中能有所悟，那也就应该像我这般——置身于生命的彼岸……

四

我从来没有真正懂得过社交中应酬的艺术——这其实也应该归功于我善于洞察一切的父亲——即使这些对于我而言也是有益的。至今为止，无论我在生活中表现得多么不像基督徒，我都没有任何反感之意。即使将我的生活细细剖开来看，也很难发现别人曾对我怀有敌意——反而更多的是对我善意的赞美……就是最令人讨厌的人，我的经验也能使我获得他们的好感，我能驯化飞禽走兽，也能调教咿呀顽童。我曾在巴塞尔大学最高班教希腊文，在那7年中，我从未处罚过学生，最懒惰的学生在我的班上也开始懂得要好好学习。机会总是应运而生，我并不需要过分干涉。比如拿一台机器来说，或者随便一件乐器吧，它已经不能发出声响，甚至“人”这个机器也不能发出声音，假如我不能使它发出悦耳动听的声音，那我势必是要生病了。而且，我不也是时时都能听到乐器们自己从未听到过的声音吗？……最有趣味的要数那位英年早逝的海因里希·冯·施泰因[①]了。有一次，他请了三天假匆匆忙忙赶到西尔斯－玛利亚村[②]来，却执着地坚称自己并不是为了此地的风景才来的，这聪明潇洒的少年，怀揣着普鲁士贵族气息的勇敢猛士，的确是深陷在瓦格纳[③]和杜林[④]的泥淖之中了。在这短短的三天当中，他被这里的自由之风深深打动，心生激荡，蜕变成了一个展翅翱翔的自由人。于是，我对他讲，其实这都是因为高山和空气罢了，在这种环境中，任何人都会这样。而且攀爬上拜罗伊特[⑤]城约2000米高的地方也并非徒然。但是他才不会相信我说的话……我所经历过的大大小小的伤害，很多并不是因为“有意为之”，更不是“恶意相向”，就像刚才说的那样，使我抱怨的反而是那善意——在我生命中引发过不少麻烦的善意。我的经验总是使我对那些所谓的“牺牲自我”和“爱人如己”之类的事情产生怀疑。我认为这

---

① 海因里希·冯·施泰因（Heinrich Von Stein）：瓦格纳的家庭教师。

② 西尔斯－玛利亚（Sils-Maria）：瑞士的地名，位于西尔斯湖附近，尼采曾在此居住。

③ 瓦格纳（Wagner，1813~1883年）：19世纪欧洲著名的浪漫派作曲家、歌剧改革家。

④ 杜林：即卡尔·欧根·杜林，生于1833年，卒于1921年，德国哲学家、经济学家。

⑤ 拜罗伊特（Bayreuth）：位于德国东南部的巴伐利亚。

些都是懦弱无为、不敢抵抗的表现——同情总是被颓唐之人看作是一种高尚的美德。我批评这些同情者，是因为他们容易在这种情绪中丧失起码的羞耻、敬畏，还有那应当适度保持距离的礼貌。同情转瞬之间就有可能与庸俗和劣习同流合污。这种看似悲天悯人的同情之心，在一些情况下足够破坏一种生死攸关的命运，一种痛彻心扉的孤独，一种于斯人也的重任。所以，我反而觉得抛弃同情之心才能算作高贵的美德。我曾在《查拉图斯特拉如是说》中讲述过这样一件事：凄厉的哀号响彻山谷，同情之心好像最后的恶魔不断吞噬着他，想让他坠落在地，在这种境况之中能够自制，在这里能够保持事业的纯真与高尚，不被那些低级和鼠目寸光的无所谓的驱使所污染，这就是难点所在，“查拉图斯特拉”最后所必须克服的难关——也是对他正义之力的最佳证明……

五

从另外一个方面而言，我其实特别像我的父亲，像是他过早逝世之后的生命的延续，或者说是再生。像是那种从来没有和他以同等的权利生活过的人，那种对于“平等的权利”和“复仇”的概念一样不知所云的人。最初，但凡我遇到一丁点麻烦抑或是极其愚蠢的事情被强加在我身上时，我总是不懂得保护自己，也从不与之对抗——那种急切的申诉或是辩白。但我会用聪明的方式去对付这种毫无预兆、强加而来的愚蠢，并以此作为我的报复，这样做别人或许也还是可以接受的。就好比说，及时地送上一罐甜甜的糖果去化解这种酸味……人们只要稍稍地做出对我不利的事情，就必定会得到我的报复：我会立刻找到一个机会向故意加害我的人表示感谢（当然就是向他为了加害我所做的事而表示感谢）——或者向他要一些东西，这可比直接给他什么东西要管用……在我看来，最粗暴的文字或者是最粗暴的语言要比沉默更加柔和，更加慈善，那些静静矗立着的人们啊，通常来说更加缺乏心灵上的宁静和优雅；沉默本身其实就是一种反抗，无休止的忍让势必会造成不好的品性——不断地将忧虑吞忍下去的人又怎会不伤及脾胃呢？所有沉默的人其实都是患有严重消化不良的人啊，不是吗？显而易见，我并不认为粗暴是非常低劣的手段，相反，它是所有反抗手段里面最仁慈的一种，在世风逐渐变得柔和的今天，这其实算得上是一种美德。假如人群中总是充斥着粗暴，那么即便是无理也可以称作是幸福。一个降临到人间的天神，就不应该做那些无理之事——能够承认罪责但是却不因罪责惩罚自己，才能够算是有些许神的味道。

六

悔恨逐渐消散，悔恨也逐渐被理解——要知道，这一切都要归功于我长期以来的病痛啊！这个问题其实一点儿也不简单，人们应该在力量和衰弱两个方面中实际体验。如果说随便什么东西都能够帮助人们治疗疾病，那也就意味着这个人自身的抵抗力和自愈力会逐渐削弱。人们会对怎样摆脱、抵挡、防御伤病产生越来越多的疑惑，随着疑惑的不断加深，伤病也就自然而然地接踵而至了。人和物混杂不堪，经历是深深的过往，回忆也化脓成疮。生病其实就是悔恨的另外一面——这里就不得不提我认为的唯一的补救方式了，那就是俄国似的命运论——毫不抵抗的命运论。一个俄国士兵觉得战场上的生活实在是太过艰苦，于是就横躺在雪地里，那是一种毫不抵抗的宿命观——根本就不做事情，也不会找事情来做，就连自己的事情也置之不理——换句话来讲，就是对于一切事物都无动于衷：这种宿命论的意义，不但是在艰难困苦的环境中慷慨赴难的勇敢，也是对身体代谢循环的压抑，更是一种低吟浅唱的心情。如果要顺着这种逻辑推断下去，就会得出那种即便是在坟墓中也能睡一星期的苦行僧了……因为如果对万事万物都要有所反应，那么人势必会急速消亡，所以还不如索性按兵不动，置之不理，这就是其中的逻辑。实在是没有比悔恨更锐利的武器了，它总是能快速地消磨着人。因为忧郁、苦闷、仇怨，以及对复仇的欲望，那种种邪恶的想法——这些都是对疲惫不堪之人最不利的感受：因为这是一种神经组织激素的衰竭，也是内分泌系统亢奋排出的过程，比如说，肝汁的分泌。其实对于疲惫者而言，是应该尽量避免产生悔恨的情绪的——毕竟这对他不利，但这又是不可避免的结果。想必，释迦牟尼[①]深谙此道。为了不和可怜虫一般的基督教混为一谈，我们权且将他的“宗教”称之为“卫生学”。它能否产生效益就在于能否克制悔恨。让灵魂从无边的怨恨中摆脱出来，这就是恢复健康的第一步。“以怨报怨，怨恨便无尽时；以德报怨，怨恨自会消弭。”这便是佛经里的第一要义——这并不是道德观点使然，而是生理学观点使然。对于疲惫者来讲，悔恨对于他们的损害要远远大于其他人。但是在其他方面，比如对于一个精力充沛的人来说，这实在是

① 释迦牟尼（公元前 563~ 前 483 年）：本名悉达多·乔达摩，佛教的创立者。

一种毫无意义的情感。而能够毫不理睬这种闲情，才算得上是精力充沛的表现吧。其实，只要有人能够看出我的哲学早已和复仇感以及怨恨感相斗一直到“自由意志”学说的领域——当然，与基督教的斗争只不过是其中很小的一部分——就能够明白我坚定地实施“本能的坚强”态度了。在我失落无助的时候，我尽力避免悔恨，认为它是有损健康的情绪，当精力充沛的时候，我也还是会尽力避免产生这种情绪。上面提到的“俄国式的命运”在我身上就表现在：长期以来忍无可忍的地位、居所、人际交往，或许在社会中我可以以一种柔和的方式努力把握一两年时间。这可是要比感受它、改变它，甚至反抗它要好得多……这种宿命论总是不断地侵入我的生活，翻搅着试图让我沦陷其中，而我总是大为恼怒　　但是，实际上这样对我而言也是冒着很大的生命危险——就是简单的执着与自身的命运，不去做什么无谓的改变，这其实就是存在于这种环境中的伟大的处世哲学。

七

另外一件事就是战斗了。我的本性总是好战的，在我的本性当中我总是喜欢攻击。与人结仇，与人战斗——拥有一种十分强硬的脾性必定是这一切的前提。不管怎样，这些也一定是深藏在那些拥有强硬性格的人的身体中的。这种天性总是不可避免地需要用抵抗来做回应，其结果也就是不断地遇到抵抗。喜欢攻击的欲望总是属于强者，就像复仇和怨念始终附着在弱者身上一样。比如说，女人身上总是充满复仇感，这便是由其身上的软弱造成的，就像她也会对外界的刺激做出激烈的反应。而强者的实力恰巧在棋逢对手的较量中得到淋漓尽致的彰显。每一种力量的发掘、壮大，其实都是因为碰到了一个强大的敌人——抑或是一个艰难的问题。因为即便是一个温文尔雅的哲学家，如果他的血液里也流淌着好斗的基因，那么也一定会找出引发纷争的根源并加以探究。一场合乎情理的真正的战斗，其实并不是以战胜多么强大的对手为终极目的，其真正的价值和意义在于穷尽自己的聪明才智，集结自己所有的才能与之斡旋、缠斗——以致战胜同等能力的对手……平分秋色。如果蔑视对手就打不起来仗，而觉得一切都不如自己厉害，那也就无须交手。我的战斗其实可以分为四类：第一，我只向拥有彪炳战绩之人下战书——如若不然，就等待他们成功之后，我再去寻求挑战。第二，我会在自己孤立无援、苦苦支撑的时候向敌人发起挑战——我的行为也力求不连累自己——我也从未做过让自己受累的事情，这就是我一切正当行为的准则。第三，我不会把个人当作我攻击的对象——在我看来，每一个个体都是他所在群体的放大镜，总是能够让人透过他们看到那种普遍存在的、变幻多端而且难以名状的窘迫之态。比如，我曾经就是借攻击大卫·施特劳斯[①]来影射、讽刺、攻讦德国教育上一成不变的腐朽之书——也正因如此，他们那套糊弄世人的鬼把戏被我当场戳穿……又比如说我与瓦格纳的战斗，确切的是我与那些失之千里的谬误的战斗，那些假借修饰来掩盖自己的谬误，以及颠倒黑白的文化本能。第四，攻击那些不掺杂个人主观情感的事物，那种从来没有不良记录的事物。总之，我的攻击，哪怕是攻击，也是系着善意的围裙，也像一个谦谦君子那般表示

① 大卫·施特劳斯（D.F.Strauss，1808~1874 年）：德国哲学家，杜宾学派主要代表。

着我的谢意。我向他们表达崇敬，加以礼遇，我愿意将自己的名字和他们的名字相提并论——同意或者是反对，我都没有意见。就拿向基督教开战来说，这件事交给我来做并没有什么不可，因为我还从未在这期间遇到挫折或者麻烦——那些最正派的基督徒也总是会善待我。而我，这基督教最坚定的敌人也没有兴趣将千百年的命运之账来与可怜的个人清算。

八

我可以将我的天性、我那很难与他人相处的天性的最后一点秘密也都统统讲出来吗？我拥有一种纯洁又灵敏异常的天性，所以每当我靠近、走入，或者是探入其他人内心的深处，我便能本能地察觉、感知一切。我这种心理的触觉，能够帮助我感知并且捕捉一切秘密。许多人的内心当中都藏污纳垢，这极有可能是他们卑劣的天性使然，经过后天的学习教养加以粉饰装扮，但是不管怎样，我都能一一识破。就我来看，这些无法忍受我敏感、洁净天性的人们，他们也时时刻刻感受到了我天性的异常灵敏与谨慎。当然，他们身上弥漫的味道也不会因此而变得芳香。毕竟，在我的生活里，天性高度的纯净才是我赖以生存的必要土壤，如果总是生存在臭气弥漫的地方，我恐怕是会消亡的。于是，我时时刻刻都在沐浴、游泳、翻腾——在纯澈透明的水中，在这种极度安全又洁净的特质当中。而这也成为我与其他人交往过程中一个不小的障碍和挑战。我在人情世故上的观念不在于同情他人，而在于这种观念能够阻绝我泛滥的同情。但是不得不说，我需要孤独，也就是我需要回归，重返最本真的自我，在干净、澄明、轻盈的空气当中自由地呼吸。我的全部便是孤独，如果非要了解我，那就诵读纯洁的歌颂词吧，它并不是歌颂纯粹的愚昧。如果谁的眼睛能够分辨各种颜色，一定会认为它与金刚石相仿，对丑恶之人的厌恶依然是我最大的风险。你们愿意聆听“查拉图斯特拉”对于消除厌恶的话吗？

这是怎么了？我该如何从厌恶中抽身离开？谁又有什么法子让我的双目重现清澈的光彩？怎样才能跃上高台，不再望见那些庸俗的尘埃？是内心的厌恶不断助推着我向上、向前吗？真的啊，我将一飞冲天，探寻快乐的源泉！我终于发现了啊！我的弟兄们，这高处的快乐之水实在令人兴奋地颤抖！这才是真正的生命之源，根本没有恶人能够染指一点！快乐之水啊，你就是一直独自在这里激流奔涌吗？快乐的源泉啊！我被你的甘甜倾倒，我为你满饮夕朝！

我要向你学习，以最最谦卑的姿态靠近你，我的心为你而波涛汹涌，为你激越翻腾！

我的心啊，像是夏日燃烧的烈日一般，这短暂、酷热、多彩的夏天的心啊！我多么希望你能够清凉一些！

我那辗转昏沉的春天消失殆尽了，我那愤恨肆虐的寒雪纷扬飘洒过了，我的心已然成了漫长的酷夏和酷夏的正午。在夏日天空的最高处，有柔和的凉风，有幸福的静谧。来吧，我的朋友，这里安静宁谧，快乐无边！这里才真正属于我们，这里是我们的家园，我们在一切污浊酷热之地留存蛰居的家园，还在等什么啊，快把你们纯洁的目光都聚焦到这快乐的源泉中吧！我的朋友们！这里怎么可能是藏污纳垢的地点？相反，这里倒是有纯洁的光芒扑面相迎！

在高大的未来之树上修建我们的巢穴，苍鹰亦会为我们这些可敬的孤独者们衔来食粮，多好啊！不是与那些污浊之人共用的食粮！他们将吞食这火焰，烧毁自己的嘴。

多好啊，这里才不会为肮脏者预留栖息之所，将他们的肉体和灵魂统统封存在冰窟之中吧！这才是我们最终的心愿！

与鹰为伴，居雪之畔，与日同辉，我们就如同席卷一切的狂风凌驾于一切之上！狂风永恒！

像清风徐来，我将置身于他们中间，用我的灵魂去感染他们的灵魂，这就是我对未来的打算。

当然，《查拉图斯特拉如是说》就是这睥睨一切的狂风，对他的敌人和那些妄想吐唾的人狂啸，小心吧，可别迎风而唾啊！

我为什么这么聪明

一

为什么我懂得比较多呢？为什么我竟是这样的聪明？我没有去思考过那些并不能称之为问题的问题——那便是没有虚度过自己的人生——在我的经验中，我也没有了解到所谓正式宗教上的难题。怎样的言行可称之为“犯罪”，这种事情跟我是风马牛不相及的。我实在是不明白“良心发现”这东西该有的确切划分：然而据我所闻，“良心发现”并不具有太大的意义……但这并不是说我要抛弃“良心发现”的意义，只是我希望从价值问题出发，避开恶果。遭遇坏事情的人们总是很难以正确而理智的心态去看待自己的所作所为：对我而言，“良心发现”是一种悔恨。在我的道德观念里，因为失败而小心翼翼，这恰恰是其失败的缘故。我不会耗费精力与时间去关注那些叫“上帝”、“不灭的灵魂”、“解脱”、“彼岸”的东西。甚至在孩提时代，我都不会去考虑这些幼稚的东西。我自认为在所有的结果中是不包含“无神论”的，同时“无神论”也是不存在的：这是我基于人的本性方面来考虑。一个粗野的回答激不起好奇、好知、好问的我的兴趣。上帝这样一个粗野的回答，对我们这些思想家而言只是一个缺盐少油的粗茶淡饭——其实这不过是一种弊劣的桎梏：你们不需要拥有思想的能力……而我所兴致盎然的是另外的一个问题，是有关于“人类的健康”，这比任何宗教的圣贤语录都要重要，而那便是所谓的润养，对于润养我是颇有心得的：“你要如何灌溉自己，才能使得你自己拥有无与伦比的力量，文艺复兴时期的那种风采，以及尽情发展、摆脱伦理道德的才能呢？”我惊讶于我对这三者的经验是如此的缺乏，听闻之时的迟缓，吸取经验教训得如此之晚。在我看来，德国的教育是空洞而无用的——那些“理想主义者”们——对我阐述了在这方面如此退缩的原因。这所谓的“教育”教导人通过避实言虚去追求陈旧的、“理想的”目的。比方说“经典的教育”——好似从不肯将“经典的”与“德国的”相结合。同时这种教育的影响也是荒唐得紧—— 一个莱布齐格人是接受过“经典的教育”的，想想便令人觉得可笑——说起来，我在高年级的时候仍是吃着很难吃的饭菜——这在伦理的方面说是“非人的”、“忘我的”、“禁欲的”，但实际上却是那些厨师和教友渔翁得利了。举例说我因为莱布齐格的料理与对叔本华[①]的第一次研究（1865）而否认“生存的意志”。胃却因为没有吸收到足够的营养而变坏——我把这坏状况归结于那儿的料理所致（曾有人言道1866年发生了转机）。然而德国的料理——其中有什么不包含呢？其中的一种饭前汤（在16世纪的威尼斯的料理课本里称aliatedesca为德国式的），把肉、油与粉

① 叔本华（Schopenhauer，1788~1860年）：德国哲学家。

混在一起煮熟，再配上蔬菜，把麦粉竟做成压住纸用的纸条！再加上不单单是老一辈德国人餐后的狂饮，便可以知道德国精神的起源——产生于因饮食而紊乱的五脏六腑……德国精神就像一种消化不良的病，什么也消化不了——然则像英国和法国的饮食，这种主张“回归自然”即回归于吃人主义的料理方法，对比德国的，也与我的本性大相径庭。在我看来，英国的节制饮食会给精神踩上沉重的一脚（就像英国女人的双腿一样）。酒精对我有害，饮一杯葡萄酒或者啤酒都会使我堕进“悲哀之谷”——与我相反，生活在慕尼黑的人酗酒成性。可叹我发现这件事情时为时已晚，我的经验早已有之。还在孩提时我便相信，少年人是为了虚荣才去饮酒和吸烟的，久而久之养成了坏习惯。而这酸透的批判极有可能也是因为劳伯格酒。只有基督教徒才相信酒精能使人兴奋；可以这么说，我所相信的东西对于我自己来说，恰恰是荒谬的。因为小饮几杯淡酒就要垂头丧气，这真令人感到奇怪；要是喝了烈酒，我估计会变成喋喋不休的水手了。恰好我在小时候可是很有勇气的。为了笔下能释放一种奢望，通宵把一篇甚长的拉丁文写下并誊抄好，想利用严谨与急切中达到萨略斯的境界，于是乎将好几大杯烈酒洒在拉丁文上。这样的做法，在我作为一个高等学校的高才生时，我身心并没有背道而驰。与萨略斯也不矛盾，和满载荣誉的高等学堂的精英似乎也没多大差别……

时光荏苒，行至中年时，我已经慢慢谢绝了任何会刺激神精的饮品。但是呢，我作为一个由经验培养成的非素食主义者，也像劝导我的瓦格纳一样，不加求证地认为凡是具有灵性的人都应该滴酒不沾。事实上，我觉得喝些淡水也是不错的，据我了解，在尼斯（Nizza）、都灵（Turin）、西尔斯（Sils）等地方大有可能存在着甘泉；时刻装上一杯清泉水带在身上就如同一只小狗爱衔着骨头到处跑一样。真理其实藏在酒杯中，在酒中悟到的真理使我认为，我对于世界是独特的存在，是不能一概而论的，我的精神就像是在水上肆意漂浮的一样……如果再从我的道德观念里提出一些见解的话，一顿大餐是远比一小桌饭菜容易消化的。强健的消化能力是胃健康运作的最大前提。人起码要知道自己胃量的体积。同样一个理由，一种被我命名为“从不间断的禁食节”时旅馆提供的饭，根本不值得我去享用——不要去吃零食，也不要去喝咖啡，喝咖啡会使你变得忧郁起来。我只有在早上才会去喝上一小杯略微有些浓的茶；所喝的茶若是还要淡上一些的话，这将使人一整日都将难以愉悦，同时也是对人体有害的。每个人都有自己的饮量，这量介乎精致与简约之间。气候欠佳的时节里，早晨是适合饮茶的；在用餐之前应先喝下一杯可以去油腻的浓可可茶——最好不要久坐；不是产生于空虚心境和自由运动中的思想最好都不要去理会，这样才不会使得肌肉松弛。所有的成见根源都来自身体内部机能的变化——久坐以致肌肉酸困，我曾经说过，这是对于神圣精神的亵渎。

二

润养问题是与自身所处地点和气候好坏相关联的。四处漂泊并不是一个人所能一直承受的；况且人只有面临有限的选择的时候，才会想尽浑身解数去解决重大的问题。气候可以左右我们的新陈代谢，它的松弛和加速有可能使人疏忽自己的工作，如果地点和气候不相适应，更可能导致工作被人类抛弃。但这些东西又是肉眼无法觉察的。人类的生命力是野蛮的，但它绝对不会作用于纯粹的精神层面以致奔放和自由的境界，使得当事人自认为：这件事只有我可以……沾染了一点接近轻浮习气的“身体的慵懒”，轻易地就可以把天纵奇才变为“泯然众人矣”，成为“德国式”的天才；仅德国的气候条件就足以使得一个刚烈甚至气概绝伦的体魄变得柔弱、萎靡。新陈代谢的周期紧紧切合精神的升华与下降；而就“精神”本身来说，这也是个新陈代谢的过程。将那些人才出世的地方概括起来，比如培育出幽默、富有、严谨的环境里，天才们栖息的乡间，都有着干燥纯净的空气。像巴黎（Paris）、普罗旺斯（Provence）、佛罗伦萨（Jerusalem）、耶路撒冷（Jerusalem）及雅典（Athens）——这些地方有个相同点：天才诞生在有着干燥空气和清爽天空的地方——即快速的新陈代谢和与日俱增的巨大力量。据我所知，曾有一位知名而又生性自由的人只是因为缺乏宜人舒适的气候而沦为了专家、俗人。从前的我差点便经历这种遭遇，但由于健康的精神状态使我智慧地去深思现实生活，让我自己理智化以避免了这样的遭遇。现如今，经过长久的积累，我把气候与星象造成的影响认作是极具美学价值和可靠性的工具。例如，尝试一段短途旅行，从都灵城到米兰（Mailand），从生理学的角度观察空气的干燥程度，我想到从自我出生至近 10 年——这段生命的危险期，皆在错误地度过，在不适合我的地方把我的过去消磨殆尽；一想到这残酷的事实，我不免吃惊无比。瑙姆堡、舒尔普福塔，图林根（Th ü ringen）、莱比锡、巴塞尔和威尼斯——这许许多多的地方并不适宜我的生理系统。如果我的儿童时代没有留下美好的回忆，那么，在这里提出“道德上”的原因，实在是荒唐透顶，因为直到今天，我还是如前半生一样，缺乏社交沟通能力，但这并不能妨碍我成为快乐而勇敢的人。然而这却忽略了我的生理状况——那种本该严加指责的“理想主义”——这是个单调无比而又无所裨益的事物，愚昧而无趣，简直是我生活的不幸。除了我生活上的问题以外，我精神上的那些错误、迷乱、谦恭，可以说都是因为“理想主义”在作祟。比如我成了一位语言方面的学者，但为什么没成为一名医生或是一个稍具眼力的人呢？在我还处在我的巴扎尔时代的时候，我曾不知不觉消磨掉了我的时光和精力，没有想到在过去要增加新的精力用以弥补失去的精神力，也没有意识到精力的消减。曾经，我并不具有敏锐的自私之心和屏蔽自己本性的做法；完完全全是一种平等待人——“无我”，把距离无限缩小的状况——对此，我耿耿于怀，始终无法让自己释怀。似乎在我生命的最后，也许正是因为到了我生命的尽头，才想到我生活中最大的愚笨——理想主义——现在细想起来，恰恰是因为身体上的疾病使我能走上理智化的道路。

三

对润养的选择，对于气候和地点的选择——除此之外，还有一个不容忽视的选择，即修养的选择。修养的程度是根据其人精神的适宜程度的，不可超过人的极限即对人有益的选择并不多。对于我来说，阅读是一种得当的修养，只图阅读使我自己灵魂出窍，从不同的角度去研究科学和人群——我不看太过深刻的事物。阅读把我从严肃的精神状态中脱离，得到润养。在疲惫不堪的时候，加之我身边没有一本可供阅读的书，我不会让任何人在我身旁说话，因为这样也可以相当于阅读……人们是否明白，处在情绪紧张的时候，那灵魂和整个肉体在受到思想孕育过程影响的时候，稍微一点来自外部的刺激就足以深深加重紧张状态。人们应该尽量去避免遇到这偶然发生的事情和外部而来的刺激；欲精神养育，要做的第一步便是坚固自己。我能允许外来的思想闯入这思想的堡垒中吗——如果这样将不再适合看书……操劳和收获结束后，跟着便是修养的时期：这时候就该把适宜的、真善美的、以前回避着的书全部拿来——那会是德国文字的书吗……当我从自己看书的状态中回过神来的时候，估计要等上半年。这本书是什么样子的呢？维克多·布罗沙尔先生曾在他的著作《希腊的怀疑论学派》引论我的《第欧根尼·拉尔修》的内容。怀疑论者，是在两面性与多面性的哲学家中最令人尊敬的人。如若不是，我会沉迷于少数几本指导着我和有益于我的寻常书籍。就我的习惯而言，我并不适合去阅读太多的书籍，满房间的书非让我为之昏厥不可；我的习性不适合让我去发展对太过繁多的事物的喜爱。对新出的书籍的防范之情早就根植在我的个性中，胜过那些“坚韧”、“对人友爱”和“探索内心”……从根本上说，我反复阅读的是那少数几位法国的作家的著作：我认为只有法国的教育才是真正的教育，其他欧洲诸国的所谓的“教育”，尤其是德国的“教育”，我觉得都不是真正的教育……为数不多的德国高等教育所取得的成果，归根究底得益于法国，特别是柯西玛·瓦格纳夫人。在我所认识的人中，她是第一个谈到趣味问题的人。例如，我并不会去阅读帕斯卡的书籍，但是这不影响我对他的欣赏，他是基督教最具典型的牺牲品；他遭受着缓慢死刑的过程，先是身体上的，再接着是灵魂上的，这简直是没有人权、极其残暴的过程。我在精神上似乎有着蒙田式[①]的勇气，谁会了解呢？也许我的肉体层面上也有着他这样的勇气，可谁会知道呢？或许我的肉体真有他的那种孔武之力。而我对艺术家们的崇拜，如莫里哀[②]、高乃依[③]，拉辛[④]等诸多大家，并不会去阻碍我对新进的法国人表示亲近之情。我在历史上找不出像现在的巴黎那样有那么多的好知且才华横溢的人：因为人数众多，所以我只试着列出其中一些——保尔·布尔热、皮埃尔·绿蒂、吉普、梅亚克、阿纳托尔·弗朗士、朱尔·勒迈特，又或从这个伟大的法兰西民族中再列举出一人，这是我所最喜爱的拉丁人：莫泊桑[⑤]。我很是推崇这个时代的学说思想，我们在私下时说，那个被德国哲学毁掉了的泰纳先生其实是被黑格尔[⑥]的思想给整糊涂了，故而导致了他对伟人和时代的诸多误解。德国的势力影响到哪里，哪里的文化便遭荼毒。战争在解放着法兰西的精神内涵……司汤达[⑦]——我这一生所知的最有趣味的例子——因为他造就的这个时代的一切，都是我偶尔有幸得知的——他那身为心理学家而对真理的探求、对事实的敏锐捕捉，不免使人想这是一个成就伟大事业的人应该具备的态度（在他的口吻中感受一切）——这实在令人感到高深莫测；他作为一个坚定的无神论者，在法国亦算不可多得的人物——可

① 蒙田（Montaigne，1533~1592 年）：法国文艺复兴时期作家、思想家。

② 莫里哀（Moliere，1622~1673 年）：法国喜剧作家，古典主义喜剧的创建者。

③ 高乃依（Corneille，1606~1684 年）：法国剧作家，古典主义悲剧的创建者。

④ 拉辛（Racine，1639~1699 年）：法国悲剧诗人。

⑤ 莫泊桑（Guy de Maupassant，1850~1893 年）：19 世纪后期法国作家，有“短篇小说巨匠”之称。

⑥ 黑格尔（Hegel，1770~1831 年）：19 世纪德国古典哲学家。

⑦ 司汤达（Stendhal，1783~1842 年）：法国著名作家，代表作有《红与黑》。

以与普罗斯珀·梅里美[①]相媲美……我该嫉妒司汤达吗？他将我所能说的无神论的精妙都说去了，比如说："上帝存在的证据，即是他不存在。"……我也曾在某个地方说过：什么是对生活的最大非难呢？是上帝罢了……

四

亨利希·海涅[②]让我了解了抒情诗人的最高意义是什么。数千年以来，我实在无法在其他国度找到还有如此浓厚诗韵的人。他的愤怒仿佛是带着神性的，这使我想到恐怕他的这一境界才可称之为完美——上帝和萨特尔是不可分割的，这是我评价人和种族的标准——而且还要观察他们是怎样对待德国的！将来有一天肯定有人会说海涅与我是德国最早的两位艺术家——远远超过了德国文学中的成就——我想我和拜伦[③]的《曼弗雷德》有种亲近之感，因为我知道事物深层次的东西——13 岁的时候，我便能读懂这本著作。对于那些在《曼弗雷德》面前谈论《浮士德》的人，我是不加理会的。德国人对伟大的理解是匮乏的，看了舒曼[④]便可得知。我对这个怯弱的撒克逊省感到愤怒和激动，我曾经为了《曼弗雷德》写了一篇与之相反的序曲。而汉斯·冯·毕洛夫[⑤]却从未在谱曲上看到过这样的东西，这是

① 普罗斯珀·梅里美（Prosper Marimee，1803~1870 年）：法国著名作家。

② 亨利希·海涅（Heinrich Heine，1797~1856 年）：德国著名诗人。

③ 拜伦（Byron，1788~1824 年）：英国著名诗人，代表作有《曼弗雷德》。

④ 舒曼（Shumann，1810~1856 年）：德国作曲家。

⑤ 汉斯·冯·毕洛夫（Hans Von Bülow，1830~1894 年）：德国钢琴家、指挥家。

对欧特佩[①]的侮辱。当我试图去寻找莎士比亚的最高成就的时候，我往往找到的是他所塑造的恺撒这个典型。这种事情是不需要加以揣测的。大诗人从现实生活中汲取养料，知道这养分能为他的工作锦上添花……每当我把《查拉图斯特拉如是说》读完，我总是久久不能平静，甚至会哽咽不已。我不知道还会不会有比莎士比亚的论说还震撼心灵的文字，人应该用怎样的词去形容，憔悴才会变成丑陋呢？你们了解哈姆雷特吗？使人疯狂的并不是怀疑的态度，而是内心的明朗……然而，要想能有这样的感觉，也应该是有着深沉的感情和渊博的学识的，并始终保持明智……人们都在害怕真理。我不得不坦白：我是知道培根的，这种开创这类文学且自虐的人：美国的那些平庸之人的絮絮叨叨跟我是毫无关系的。但这剖析深刻社会现实的力量，不但与行动的力量和犯罪相互关联，而且它直接以它们为前提……人们对培根了解得并不多，人们去追求培根的真实（包含真实的最大意义），试图去了解他的作品、他的想法，和他在经历的一切……见鬼去吧，那令人厌恶的批评家们！比如，我给予《查拉图斯特拉如是说》以洗礼，并用瓦格纳命名，恐怕这两千年的智慧也不足发现《人性的，太人性的》一书的作者是《查拉图斯特拉如是说》的幻影罢了。

五

谈到我生命中的休养时光，这里需要特别多说几句，感谢那些使

① 欧特佩（Euterpe）：希腊神话中的音乐女神。

我心灵深处得到恢复的事。我非常感谢能够有机会和瓦格纳相遇相交，这让我的身心都得到了难得的休憩。与其他朋友的交往对我而言都没什么意思，但是与瓦格纳相交往的日子却是我不愿意忘却的难得的美好时光、彼此信赖的时光、兴致盎然的时光、源远流长的时光。我不知道别人与瓦格纳交往的时候有着怎样的感觉，但就我而言，我和他的天空都是一片湛蓝，万里无云。说到这里就不得不再提起法国——对于瓦格纳派的那一帮人，那些自以为和瓦格纳相同的人，我也实在是没什么好说的，只能对他们的所作所为撇撇嘴角，不置可否。像我这样的人，从本质中就会觉得一切和德国有关的东西都跟我格格不入，甚至于当我接近一个德国人时，我的消化力都会急速减弱。然而，同瓦格纳的交往却是我平生第一次大胆的遇见，初次遇到瓦格纳后我感觉的生命开始深呼吸，我不止一次有这种感觉，而且也把他视作异国的、一切所谓的“德意志的美德”的反对者，以及身手敏捷的对抗者。因为，我们都是生活在1850年氤氲气氛中的人，我们很容易对德意志抱有悲观的态度。我们除了成为不断努力的改革者，别无他法。我们绝不能容许伪善之人佯装于世，招摇撞骗。不管他如何伪装，是穿着大红的衣服，还是穿着匈牙利式的骑士服装，又或者是变换各种衣料的颜色，都无关紧要，我都能一眼洞穿他们的真实面目。其实，事实证明，瓦格纳也是一名改革家。他也成功地逃离了德意志，然而，偌大的欧洲，除了巴黎似乎再也没有他的容身之处了。因为，瓦格纳所要表现的五官的细微之感、精致描绘的手法，以及心理学上所说的多愁善感，似乎也只有巴黎才能提供给他。除此之外，似乎没有别的地方能够保持对形式狂热的追求了，更没有那种对待舞台的严肃之情了——而巴黎的严肃绝对超凡脱俗。德国人，又怎么会有像这个巴黎艺术家灵魂深处那深深的渴望？德国人是温和的——以前瓦格纳可不温和……这一点其实我早都说过了。例如，瓦格纳究竟属于什么派别？又有什么人可以算作是他的同道中人？他其实是法国后期浪漫主义的代表人物，是德拉克洛瓦[①]和柏辽兹[②]之流，毛病多多，无可救药，但都是善于表现幻想的积极分子，都是不折不扣的艺术巨匠……那么，谁算得上是瓦格纳第一个聪慧的门徒呢？也许是夏尔·波德莱尔，他是最先了解德拉克洛瓦的人，是一个典型的颓废主义者，能够让那一大派的艺术家因为他受到启发重新审视自我——只怕他也是最后一个了……然而让我无法原谅瓦格纳的是，他居然自轻自贱降格为德国人，纯正的德国人……德国扩张到哪里，哪里的文化便遭殃下去。

六

思索过往，假如小时候的我没有瓦格纳的音乐陪伴，那日子注定会非常煎熬。谁让我命中注定成了德国人呢。正常人如果迫切地想从不可忍受的压迫中挣脱出来的话，也许必须借助鸦片的力量吧。可见，我也离不开瓦格纳。瓦格纳就是对付德国所有事物的毒药、毒品。我从不否认这一点。当我倾听《特里斯坦和伊佐尔德》这首钢琴曲的时候，请允许我说，布诺先生，我就是瓦格纳忠实的追捧者。但我认为瓦格纳早年创作的作品稍欠火候，太德国化了。不过，一直到现在，我都还在寻找有像《特里斯坦和伊佐尔德》一样充满想象、跌

① 德拉克洛瓦（Delacroix，1798~1863 年）：法国著名画家，浪漫主义画派的代表人物。

② 柏辽兹（Berlioz，1803~1869 年）：法国著名作曲家。

宕起伏、拥有无限魅力的杰作——但是在所有的艺术中，我都搜寻无果。当《特里斯坦和伊佐尔德》发出第一个动人的音符，达·芬奇便黯然褪色，这部作品称得上是瓦格纳最上乘的作品。从这以后，他又接连创作了《纽伦堡的名歌手》和《尼伯龙根的指环》，在这些作品中，他逐渐恢复健康——但是瓦格纳的智慧也就此衰退了……我实在为自己感到幸运，因为就在那时，我也恰恰生活在他们周围，所以足以理解这样一部作品。我那心理学家一般的好奇心居然猜想得如此之远。在我看来，世界对于这些不想沦落进“地狱式大狂欢”的人而言，无疑是贫瘠的，所以，这里必然会发生某种形式上的转变。在我看来，谁都没有我更了解瓦格纳那伟大的五光十色的世界了，除了他本人，更没有人能够获得这样的成就。而我之所以能够称其为我，就在于我有足够的能力将那些可行的甚至是危险的事物变成安全的有益的事物，并且，他们将会变成更加强大的存在。所以，我把瓦格纳称作我生命当中的大恩人。生逢难世，并且多遭苦难，这就是我们的共同之处，而我们俩所受的伤害，加起来足以超过其他人，我们的名字也必将紧紧相连。瓦格纳被德国人所深深误解，而我也是这样，并且永远是这样。但是，请先获得两百年心理学的训练吧！我的日耳曼先生们！这可是你们几辈子也赶不上的！

七

我还有一句话要对那惺惺相惜的知音说：我到底想用音乐做什么。音乐将如同10月的午后，深沉且散发着光芒；如同娇小少妇的柔媚气息，奇特而自由自在……我永远不会认为德国人具有了解音乐是什么的能力。人们所说的德国的伟大的音乐家都是外国人——斯拉夫人、克罗地亚人、意大利人、荷兰人或犹太人，要么就是在德国还是个强大的民族的时候，有着的那么几个伟大的音乐家，如亨利·许茨[①]、巴赫[②]和亨德尔[③]这样已经死去的人。大概因为我还是波兰人。除此之外有三种原因，除了瓦格纳的、西格弗里德式的田园诗，以及李斯特[④]的某些作品，那样的节奏几乎被每一个音乐家称赞，还有阿尔卑斯山那边长大的人——这方面，我不得不提一下罗西尼，更忘不了我音乐的南国，例如，威尼斯音乐大师彼得·贾斯特[⑤]的音乐。当我谈到阿尔卑斯山的那一边的音乐的时候，我专门是指威尼斯的。假若我寻找音乐的另一种表达方式，往往只能想到用威尼斯来替代。我分不清泪水和音乐有什么区别—— 幸运的是，当我提起南方，我总会因羞怯而颤抖。

日色暗淡，
虹桥默然，
耳畔笙歌窈窕，
恍似细雨飘飘，
微波兜兜转转颤颤。
舟子和笛声渐远、渐淡，

① 亨利·许茨（Heɪnrich Schütz，1585~1672年）：德国著名作曲家。
② 巴赫（Bach，1685~1750年）：德国著名作曲家。
③ 亨德尔（H.ndel，1685~1759年）：德国著名作曲家。
④ 李斯特（Liszt，1811~1886年）：匈牙利钢琴家兼作曲家。
⑤ 彼得·贾斯特（Pietro Gasti，1854~1918年）：德国作家和作曲家。

我的灵魂恰似那幽幽的琴弦，

奏着舟子之歌，

悄然怅惘四顾。

心中纵有欣喜也只有独自庆祝，

不然说与谁听？

八

我所陈述的这些事物里——如养分、住所、气候，以及对休养的选择——起决定作用的是我的本性能够清清楚楚地表达出来，这是一种自我保护的天性。对许多事物不去关注，充耳不闻，更不去接近——这就是非同寻常的智慧，不是偶然而是必然的证明。自我保护的另一种解释便是审美观。如果“ja”（德文中“是”的意思）代表的是“没有我”，那么它的命令就是“nein”（德文中“不是”的意思），而且尽可能不用命令的形式来表示否定。而且应当摒弃一切频繁地让否定变成必需的事物。这其中的理性就是：防御性的付出，尽管并不是很多，但如果使这成为习惯，成为条律，那么就必定渐渐地造成没有必要的、窘迫的境况。我们经历的巨大支出乃是平时日积月累的点滴付出。抵抗，或者远离就是一种付出——这一点我们要明白——是消耗在消极方面的精力。如若人们长期处于防御的困境中，必定会渐渐地流逝很多精力，变得虚弱，以至于无法支撑未来的生活。比如，我从庭院中走出去，发现自己并不是在幽静肃穆而华美高贵的都灵，却是在德国的一个无名小城市，那么我必定会本能地警惕起来，保护自己，以此来将这个灰暗无趣的世界逼向本性的一切事物驱逐开去。或者我发现这也是德国的一座大城市，这样一个故意建成的多余物，任何好的坏的东西都是剥夺来的，那么我不应该摇身变成一只刺猬吗？然而长着刺也是一种浪费，一种双重的奢侈。假如事情是由人们自己决定的，那么就不需要长刺了，只需要伸开双手……

另一种明哲保身和自我保护的方法，就是尽可能不做反应，如果“自由”和“自主”都被掠夺了，反应成了毫无用处的东西，那唯一的办法就是脱离这种环境。好比读书：一个学者，或者一个语言学家，每天浏览两百多本书的内容，可以算是以读书作为炫耀的资本了——弄到最后失去了自我考虑问题的能力，他如果不翻书，就无法思考问题。如果他还能做出简单的回答，这只是来自书本对他长期的影响，他的回答、他的想法，只不过是一种单纯的反应罢了。学者把所有的精力都奉献在了肯定与否定上面，用在了对已经形成的思想上面——但是他自己却不思考……自卫的本能在他身上不复存在，否则对书本他会产生抵触，因此而变成颓废的人。这样的事我是亲眼见过的：原本思想开阔丰富，具有想象力的天才，不到三十岁就已经“读坏了”，就像火柴一样，只有摩擦它，才会产生微弱的火苗——思想。清晨，万物苏醒，精力如同朝阳的时候读书——我认为这样是罪孽的！

九

写到了这里，我不能再回避下列问题的回答了——“我为什么成了现在的我？”于是就牵扯到了“自我保存”艺术的一大特点——自私自利……假如这人生的问题、这样的情况、人生的命运，远远超过了普通的标准，就没有比直面担负责任的自我更危险的事了。我成为现在的我这一事实，要拿我以前根本没有想到我会成为这样作为前提。从这个观点出发，那么生命中的失败、暂时的曲折和歧途、犹豫不决、挥霍在使命彼岸的精力等等，“退让”就都有着它们独有的价值和意义。这当中产生一个伟大的智慧，最高尚的智慧：即如果在某种环境里认识自己成为堕落的理由，那么自我忘却、自我误会、自我谦虚、自我妨碍、自我平庸化都是理智的本身。道德家说：爱人如己，舍己为人，爱护一切，就一定能成为最强大的“自我保护”的方针。这是不同以往的事，就像我违背我的习惯和信仰是归咎于“忘我”这一不理智的行为上的。因为，在这里，不理智是为“自私”和“自我约束”奉献的——人们应该保持全部意识表象的纯净——意识就是一层表面而已。对于一切傲慢的态度和傲慢的言语都要时刻防备，本能地过早地“认识自我”是有极大危险的。这期间，渐渐从内心深处长出有组织能力、想要统治的意念——这意念越来越强大，它慢慢地把人从歧途和堕落中拉回了正轨，准备了独特的能力和品质，为了最终实现整体性——这意念在向人类灌输“目标”、“意义”、“宗旨”之前，就培养了一切有用的才能——从这方面看，我的生命就如同奇迹一般。将已经修订的价值重新加以概念化这一伟大的任务，是需要比一般人出色很多的才能，尤其是要具备对立的、不自相毁灭、不自相破坏的才能。才能的等级制，距离感，相互保持距离又不敌对的艺术，不同流合污，不轻易放弃，能够驾驭一切、但仍然不骄不躁的态度——这便是我本能的先决条件，我本性中的品质和长期储备的心得。这种本能保护得非常强大，使我竟从未感觉到我内心滋长着什么东西——而这一切都能在我的能力达到顶峰的时候，猛然爆发。在我的记忆里，我从未劳碌过——因此在我的生命中找不出奋斗的迹象，我是英雄气质的相对物。有什么样的“愿望”，为什么而“奋斗”，心存“伟大的愿望”或“伟大的想法”——在我看来，我对这些东西毫不了解。而此时我憧憬着未来—— 一个遥远的未来！如同凝望着平静的海面：没有一丝想要去打扰它的欲望。我不希望情形与现在不一样，我不想要任何的改变……我就是这样生活着。我从未有过什么愿望。你可以尝试着去找找看，有没有人像我一样在44岁生日以后还说自己从未为荣耀、金钱、爱情而花费过精力——然而我本来就不缺少这些东西……就比如说，有一天我突然成了大学教授——在这成为现实之前，我从来没有这样预想过，因为那时候的我还不到24岁。又比如像两年前，我突然成了语言学家：是因为应我的老师里奇尔[①]的要求，我送去了我的第一篇语言学论文，在他的《莱茵博物馆》那本书上发表。里奇尔——我怀着无比崇敬的心情提起这个名字——他是我至今为止见到的第一位天才学者。他有着我们图林根人所特有的，甚至德国人也有这种迂腐气息。为了到达真理的殿堂，我们不惜走上曲折的道路。我希望在这方面没有小看我的同乡——智慧的利奥波特·冯·兰克[②]……

十

人们一定会问我，为什么我只陈述这些细小的问题，在普通人看来这都只是些平常的事；假如我要研究重大的问题，对我自身来说就

① 里奇尔（Ritschl，1806~1876年）：德国语言学家。

② 利奥波特·冯·兰克（Leopold Von Ranke，1795~1865年）：德国历史学家

是愈发害了我了。我的答案是：这些琐碎的小事——养生、住所、气候、休养，全都是自私的道德观——比至今人们所认为重要的东西更加重要，他的重要性凌驾于一切概念之上。而偏偏是在这儿，人类要重新学习。人类至今所认真称道的，都不是事实，只不过是幻想罢了，简而言之就是谎言；是出自天性的、恶劣的、扭曲的本性——这些词语例如“上帝”、“灵魂”、“美德”、“罪恶”、“彼岸”、“真理”、“永生”等等，但人们在它们中间寻求人性的伟大，人性的“神性”……所有的政治问题、社会秩序问题、教育问题，都有着根本性的错误，而我们将有害之人误认为是伟人的人——于是又将生命中最基本的事，误认为是小事，因此而不注重这些事……把自己和那些被人们敬仰的人做比较，那么两者之间的区别就非常明显了。我将这些所谓的“上流人”并不算在人类的范围内——他们是人类中有别于普通人的产物，是扭曲了的报复心所产生的怪物，都是无可救药的，仇视生命的“非人类”……而我就是他们的敌人。我的特权，是对一切健康的本性有着高度的敏感性。我身上没有一点病态的痕迹；即使病魔缠身，也没有带着病态；想从我的本性里发掘出一些狂热因子，也只能是无功而返。想从我的生命历程中发现一瞬间的傲慢或做作，也是根本找不到的。态度和情操与伟大没有什么关系，谁想要从这上面故作姿态，那就是虚伪……谨防一切虚有外表的——当生命赋予我最重要的责任时，我反而觉得轻松起来，甚至非常欢愉。在这个秋天的 70 天见到我的人们，看着我经营史无前例的伟大事业，担负千秋重任的成功，都看不出我有一丝紧张的痕迹；反而，可以看到我洋溢着青春的活力，有着不灭的激情。我从来没有像那时那样有滋有味地吃喝，未曾像那时睡得那么安稳——我大概不知道，与伟大的责任打交道，除了游戏，还能有什么：其实这是表现伟大的基本前提。那急切的表情，喉头哽咽的声音，所有这些都是对我们有妨碍的，尤其对于我们的工作更是如此……我们不应该神经质……即便是在孤独中受苦，这也是有妨碍的——而我所辛苦的，往往是在喧嚣中……在很小的时候，我 7 岁时，就已经知道我的耳朵容忍不了人类的话，但那时有人曾见过我有烦闷吗？到现在为止，对于任何人，我都抱有同样的谦和，我对最卑微的人尤其带有尊敬，从来没有过一丝一毫的蔑视。我要是看不起谁，那么他便能感觉到，因为我孤独的生存对那些流着卑劣之血的人是一种挑衅，也足以使他们恼怒……我对于伟大的看法是热爱命运，对于过去，对于将来，对于永远，不想要改变什么，永远这样。不单单是承受着必然，还必须热爱必然——在必然面前，理想主义都是谎言……

我为什么写出了这么好的书

一

我不同于我的著作，这一方面是说我，另一方面说的是我的著作。在谈论我的著作之前，在这里，我想先简单地谈及一下它们被了解和被错误地揣度的事情。在这里粗略地讲解一下这些问题，我认为是比较合适的，因为对它们进行彻彻底底的大讨论的时机还很不成熟。我自己也还没有到十分恰当的时期，将来很有可能会有这样一种人出现——将来一定会有人组建出我所构想出来的那种世界，那种按照我的理念生活和说教；有可能设有专门的讲座，粗浅地解说我的《查拉图斯特拉如是说》。然而若要使当今的人们听从我的言论并将其奉为金科玉律，我想完全是妄言。反而是当今的人们不能听信我的言论来生活，不能够真正地理解我，这是最近乎情理的。我不想要人们去误解我——或者也可以说是我不想自己把自己给胡乱解构了。再强调一遍，你们从我的一生中是看不出来有哪怕一丝的“恶念”的；即使是单单从文学上说到我的“恶念”和“恨意”，也完全是无稽之谈。与此相反，倒确实有着太多太多的愚蠢在其间……我认为，倘若有人能够手里捧上一本我的著作，一定可以是算作他人生中少数几件最值得称道的事情中的一件了，这是他的一种荣耀……亨利·施坦因博士有一次十分恳切地对我抱怨说，他对于我的《查拉图斯特拉如是说》一书，实在是无法理解其中任何一处。我对他说，看不懂是再正常不过的了，都在情理中；假使能够读懂其中的三言两语，当然了，这说的是完全体会这些内容，那就会比这世间的凡夫俗子们高出一筹，达到这些“近代人”所无法企及的高度。我既然与这俗世如此格格不入，又怎么能指望这些我所处的时代中的“近代人”都能读到并且读懂我的著作呢？我的成功和叔本华是迥乎不同的，甚至是截然相反的——按我说，倘若人们不能够去读我的书，也就不求着他们去读了。我不想去否认，人们反对我的著作时的所作所为的天真可笑，这让我感到十分满足。就在这个夏天，当我试图用我的浩瀚与磅礴的文学，来让其他的文学黯然失色的时候，柏林大学的一位教授好意地提醒我，应该换种方式去著书，因为这种书，没有人能读得懂——不仅仅是在德国，在瑞士我也碰到过这样的两件事：惠德曼在联合杂志上发表文章，批评我的《善恶的另一面》一书，他的批评文章的标题就是“尼采危险的书”；卡尔·施皮特勒[①]为我的著述做过一个总辑，也是在联合杂志上发表的，这些都是在我生命之中的最高纪录了。我不希望再对它进行赘言……就像施皮特勒认为我的《查拉图斯特拉如是说》是对于形式的探索追求，竟希望我以后能更兼顾内容层面；而惠德曼更说我是在去除着正当的情感宣泄，单单是他的这份勇气，就让我钦佩——因

① 卡尔·施皮特勒（Karl Spitteler，1845~1924 年）：瑞士著名诗人。

为偶然的因素，我能够看到这些让我惊诧的精彩评述，这些都可以算作颠倒黑白的模范：可能人们为了想要一针见血地对我来进行批判，除了能用“价值重新估定”一词来驳斥我，大概也做不了什么了——可惜他们还是没有能找到我的思想的核心。就因为这样我才要解释一下——最终还是很可惜，仍然没有人能够从我的书本中，获得一些他们本来所知以外的有益的东西。在他们的精力所及中得不到妥帖的印证的东西，以至于人们不想去了解。我们假设这样一种场景：倘若一本书专注于讲授超出人们经验以外的东西，一种不适合当前时代的新主张，那么必然不会被主流所接受；因为现实经验不能予以印证，便认为这种东西不存在……如果可以这样说的话，我想无论如何这就是我的一切经验，或者说经验的来源。那些自以为从我的著述中了解了某些东西的人，实际上仅仅是从他自己的想象中汲取了某些东西，而且他们汲取的又正是我的反面，譬如把我当作一个“理想主义者”；对我的作品一无所知的人，便认为我是无足轻重的。“超人”—— 一个无论放在哪里都是超级美好的典范的代名词，它也理所当然地与“现代人”、与“善良的人”、与“基督徒”、与“虚无主义者”完全不同。这是一个十分值得深思的词语，它出自于那个道德败坏者“查拉图斯特拉”之口，这是一种被大家无奈的解释为和“查拉图斯特拉”的形象截然相反的价值意义，就像是一种人们理解为非常高尚的“理想主义”的化身，一半聪慧似天才，一半又高尚如圣人。如果有哪个书呆子认为这一切都是源于达尔文主义，或者是取材于我深恶痛绝的“英雄主义”——那个既无知又无能还虚伪万分的卡莱尔[①]的学说的话，那可真是够气人的。恰如我要向某人窃窃私语，既然他能够在恺撒·波尔查[②]寻找超人，那就索性丢开帕西法尔别管了，不过，他恐怕也不会相信自己的耳朵。所以说，我的朋友们，我在看待别人对我的作品的批评，尤其是报纸上讨论的文章时，并不会感到惊奇，也不会特别在意。其实，这一点实在是再正常不过，我的朋友和出版商也都明白这一点，所以也压根不会跟我多提这类事情。但是，在一次偶然的场合，我看到一拨人对《善与恶的另一面》居然误会那样深，我简直可以写一篇趣闻发表到报社了，即普鲁士的一家报社。但是为了能够让我的国外读者也能够及时了解真相，恕我直言，我本人只读《巴黎晚报》，必须十分严肃地将这本书看成一个时代的象征，是正逢其时的哲学。如果将《巴黎晚报》与《十字报》相比较，那《十字报》实在是少了很多敢说的勇气，而这样又怎么能够使人信服？

二

其实这些情况也只是发生在德国人的身上。而除此之外我的读者遍及各地。其中也不乏超凡脱俗的智者，接受过高等教育并在其中养成高尚人格的人士。我的读者群里也实在不缺乏真正的天才。在维也纳（Wien），在圣彼得堡（St.petersburg），在斯德哥尔摩（Stockholm），在哥本哈根（kopenhagen），在巴黎和纽约，人们都知道我的名字，除了欧洲大陆上的德国外……其实，我更喜欢那些从来没有听过我的名字，甚至都没听过哲学这个词的读者们。无论我走到

① 卡莱尔（Carlyle，1795~1881 年）：英国作家。

② 恺撒·波尔查（Cesare Borgia，1474~1507 年）：意大利文艺复兴时期的诸侯。

哪里，就拿都灵来说，当我到了这儿，这些人们都因为见到我而变得十分高兴以致心情畅快。最令我感到受宠若惊的就是那些卖水果的老妇人们，一个劲地把最甘甜的葡萄递给我。其实，当哲学家似乎就应该是这个样子吧。难怪人们总是将波兰人亲切地称呼为“斯拉夫民族中的浪漫的法国人”。对于一位精灵俏皮的俄国女人来说，想要搞错我的国籍实在是太难了。我也很直接，从来都不会装腔作势、扭捏作态，我还很会装傻，这就是德国式的思想，德国式的感官。我什么都可以尝试，但单单这个我做不到。就连我的老师李齐耳也认为我所描写的有关于语言学的文章竟然像大巴黎的浪漫小说那样，总是营造着矛盾冲突和紧张的氛围。但即便是在巴黎，人们也还是会对我的大胆和智慧报以惊讶之声。泰纳先生告诉我：我实在担心，当所有的诗情画意全部灌注到颂歌的最高形式之中，我也许会在自己身上找到这相同的趣味，那种永远不会变得愚蠢，变得德国化的趣味。那种德国化就是机智……我别无选择。上帝啊！帮帮我啊！阿门——我们其实都知道，甚至有些人仅仅凭借自己的经验就可以明晰，长着长耳朵的是什么了。那么，我必须郑重声明，我的耳朵最小。这个问题肯定会引起女人们的兴趣——难不成，我还能比她们更了解我自己？不是吗？我才是蠢驴的敌人，也正因此成了世界史上的一大怪物——用希腊语讲，而且不仅仅用希腊语来说，我并不是一个虔诚的基督徒……

三

其实，或多或少，我也知晓作为著作者是拥有特权的，而且，在很多地方，我也发现我的笔触其实是破坏了人们原有的审美意趣的。而人们也近乎看不进去书了，尤其是那些艰深的哲学书。但是，能够走进哲学这座神圣的殿堂，实在是一种至高无上的荣耀。人们可千万不要被德国化，因为德国人无论如何也做不到这一点，然而这种至高无上的荣誉实在是应该去追求并且获得的。只要是和我一样志同道合，有着这种至高追求的人，都能够得到学习并有所获。因为我自飞禽走兽都难企及的高处而来，因为我知晓万物灵长都未曾涉足的溪谷。有人对我说，你的书实在是令人手不释卷不愿割舍，甚至严重影响到了正常的休憩，再也不会有这样严谨庄重的书了。他们已经在人力所企及的领域内达到了极致的表现力，人们必须用最灵敏柔巧的手指和最刚强坚硬的拳头才能捕捉它的精神实质。只要是有精神上的缺陷，哪怕仅仅是“消化不良”都不可能掌握要义，只能消失得无影无踪。人们不应该紧绷着神经，相反应该怀有一个轻松的心态。不仅精神上的匮乏，歪风邪气都销声匿迹，而且懦弱、邪恶，以及深及脏腑的丑恶也都会统统消散如烟。我的一个字，就能够将一切坏习性通通去除。在与我的朋友的交往当中，我会获得很多实验的机会，并且借助这些归纳到我的文字上，对我的作品有所反映，有很多具有教育意义的多样的情形发生。又有谁不想和我的文章有所关联呢？比如说我的那些朋友们，也因此成了“毫无主见的人”。人们总是会调侃我，居然能够获得这样的成绩，并希望我用更加轻快的笔触以期获得更多的进步。这些拖泥带水的思想家，虚伪地装扮成拥有最美好灵魂的骗子们，压根就不知道该怎样去阅读我的作品。因此他们也根本不欣赏这些书，这就是这些“美丽的灵魂”们的行为逻辑。我的朋友中的那些蠢货，请原谅，我只是指那些德国人，我知道，他们总是不同意我的一些见解，只是偶尔觉得可取，甚至他们在评价

《查拉图斯特拉如是说》时也是这样。因此，人们身上，不管是男人还是女人，那种浓重的女权主义都会成为理解我的文章时的绊脚石。也正因如此，人们始终徘徊在这个巨大的知识迷宫之外，久久不得进入。人们不应该总是原谅自己的不努力，在人们的美德当中，应该有坚韧、刚强这两个必备的特质，以便在坚硬生涩的真理中还能保持愉快，开朗和轻松。假如让我去想象一位完美的读者，那么我想他应该是一位充满勇气、充满好奇的怪物。拥有坚强的意志，又有猎人的狡猾，还拥有射手一般谨慎的脾性。又仿佛是一位天生的冒险家和探索者。最后，我实在不知道究竟还该说什么，又该向谁去低声倾诉，就像“查拉图斯特拉”说的那样：他到底该向谁叙述自己的谜语呢?

你们啊，这些猎奇的人，谜题的探寻者，和驾驶着帆船冲进暴虐大海的人啊！

你们啊，为谜语沉醉，又为黄昏而欣喜的人啊，被低迷的箫声吸引住了谜样的灵魂。

——你们不愿意怯懦地握住一根淡薄的线索，但是，真正的谜题就在你们触手可及的地方啊，你们却不愿四顾，不愿寻找。

四

在这里还是要简单地介绍一下我的写作风格。将一种情景、一种内心紧张的感觉，付诸笔端，通过文字，通过文字中特有的韵律一一表现出来。这就是每种写作风格的内在意义。看到我内心丰富多彩，便也能理解我笔下的风景多种多样了。恐怕这也是普通人中运用技巧最多的一种写文章的技艺了。最上乘的文章，就在于他能够实时地传递出作者内心的情境，并且用描写的多重方法加以演绎，描写的韵律及表情，还有时间轴等一多半的东西都是关于表情的艺术。我的个性在这方面可一点都不欠缺。美好的风格本身便是谬误，空洞无神的“理想主义”，就像“美的主体”、“善的本体”、“事物本体”，但是这一切的大前提则是能够有足够的听众。而且这些听众还得具有能够听取、赏识并且趣味相同的耳朵，使别人敢于大胆地展现自己，传递自己的声音。比如说，我的“查拉图斯特拉”就在寻找这样的读者，但是，不言而喻，要找到这样的听众只怕是还得需要很久很久，人们应该还能等得到它吧。但是除非这样，否则没有人会领会这其中所耗费的精力和艺术。而且，更没有人敢于运用这种全新的、世所未见的艺术工具，特地为这种人创造的艺术工具。这些东西，在德语中可能有过，当然，这种说法也需要去考证。以前我十分认真地思考过并且产生了怀疑。在我以前，人们不知道怎样运用德语，更谈不上明白他们所运用的是一种怎样伟大的语言，有着怎样令人惊叹的韵律艺术，以及啧啧称奇的艺术结构，凭借它表达出人间最华贵的感情沉浮。这些，最初都是我发现的；就像《查拉图斯特拉如是说》第3章最后一节“七个印记”所描述的，我呼啸着飞过现代人称之为诗歌的上方，已然万里开外。

五

一个优秀的读者会透过我的作品，发现在我的著作中好像有一个出色的心理学家在娓娓道来。这可能是我所获得的优秀的读者。他阅读我的作品，就像是古老的哲学家阅读贺拉提乌斯[①]那样。很多话其实都是全世界公认的，除了那些全世界的哲学家、伦理学家，以及其他蠢货的话，这些已然达成共识的话在我看来反而是愚蠢之见。比如说，相信“博爱主义的”和“利己主义的”是对立的关系，而“自我”不过是一种“欺骗”，一种“理想”而已……原本就没有利己主义的行为，也没有博爱主义的行为。这两者其实从心理学来说，不过是一种荒谬的矛盾罢了。又比如说这句话，“凡是人肯定都要追求幸福”……或者说这句，“幸福是对付出的酬劳”……又或者，“痛苦和快乐是相对立的”……人类的巫婆，即道德，早已将所有心理学的东西弄得一团糟，彻底道德化了，直到弄出恋爱不应该成为一件自私的事情，人们必须规规矩矩地坐着或者直挺地站着，否则你将不能恋爱，诸如此类这样愚蠢至极的理论来。就这点而言，其实，女人再清楚不过，让她们碰到那些连一点自我都没有的纯客观的人，那简直跟见到鬼没什么分别。我可以说我是很懂女人的吗？这可是我从狄俄尼索斯那里得到的嫁妆啊。有谁知道呢？兴许我就是女性永恒的第一位心理专家，她们可都深深喜欢着我，虽然这是个老掉牙的故事。当然，这得排除那些不幸的女人，她们是“解放了的女人”，无法生育的女人，幸好我不愿意被弄得四分五裂，要知道，真正完美的女性可是会撕碎人的，假如她沉溺于爱中。我认识的这些女人啊，可爱又狂野。在一个意欲复仇的小妇人面前，连命运可能都会害怕得躲闪。女人比男人要可怕得多，也要聪明得多，女人身上的仁慈似乎早都已经退化了。这些所谓的美丽的灵魂，其实都带着或多或少的缺

① 贺拉提乌斯（Horatius，公元前65~前8年）：古罗马诗人。

陷，当然这也并非一切，不然我又要沦为讽刺医学的人了。争取平等独立的权利实际上是一种疾病的征兆，所有的医生都知道这一点。女人，如果带有十分强烈的女权主义，那么她对权力的追逐必将全力以赴——这是自然的状态，两性之间永恒的战争，女人其实是很占上风的。你们听过我对爱情所下的定义吗？这是个十分值得哲学家去加以定义的问题。爱情——从手段来说是战争，从基础来说是两性之间的深仇大恨。你们听见我对怎样医治女性，即解救女性问题的回答了吗？最好的办法就是，让她生一个孩子。女人总是喜欢孩子的，而男人只不过是个工具罢了，“查拉图斯特拉”这样说道——“女人的解救”——这对于有缺陷的女人，即不孕不育女人来说，仇恨那些健全者似乎成了她们的本能——而所谓的与“男人”之间的战争不过是为了掩盖这一切的手段、借口、计策罢了。毕竟为了使她们顺利成为“自我的女人”、“高级的女人”、“理想主义的女人”，她们就势必得贬低其他女人。而达成这一目的最好的方法无非就是通过高等教育以及政治选举罢了。归根结底，那些被解救了的女性便是“永恒的女性”世界中的无政府主义者。是最最浅薄下流的一批人，而她们下贱的本性也不过是为了报仇。纯粹是一副典型的“理想主义”的丑陋嘴脸——当然，这种“理想主义”有时也不可避免地出现在男人身上。比如，亨利·易卜生[①]笔下的那个典型的老处女就明显有这种倾向，即意图毒害良知，将这天然的性爱一一抹杀……有关这方面纯洁又严肃的信念，实在是不用怀疑了。并且从我反对恶习道德的经典文章中，还有一些关于反对陋习的文章值得拿出来跟

① 亨利·易卜生（Henrik Ibsen，1828~1906年）：挪威剧作家。

大家讨论。在我看来，任何违背天性的行为都是罪恶、丑陋的。换句话说，理想主义便是罪魁祸首，这一信条是这样说的："宣扬贞洁就是公开煽动违背自然天性的行为。任何对性生活的蔑视，任何用'不贞洁'这个名词对性生活的侮辱，都是生命中所犯的错误——都是违背生命圣洁的大罪过。"

六

为了让别人对作为心理学家的我有一个概念，我举出在《善恶的另一面》中出现过的一种奇怪的心理学——在此，我希望大家不要对我在此处描写的人物有任何的猜测。"心灵的天才，就像那个伟大的神秘之人所拥有的雄厚的声音一样，可以穿透每个人的灵魂一样；尽管他一言不发，一眼不看，在他的身上看不出一点引诱的痕迹，他精湛的技艺是知道怎样表现自己，怎样让追随者对他俯首称臣。心灵的天才，让所有嘈杂和洋洋得意的声音归于平静，使它们臣服于他，使暴躁的灵魂得到安宁，给他们新的要求——安静地卧着，像无尘的明镜，倒映着辽阔的天空……心灵的天才，他教诲粗暴和野蛮的手变得稳重且灵巧；他可以预见浑浊冰面下被遗忘和埋藏的珍宝，还有可贵的精神财富；在泥沙掩埋的土地下，找寻出每一粒闪耀的金沙……心灵的天才，从他身边路过的人都能满载而归，不是因为受到恩宠，也不是因为看到别人的珍宝而感到羡慕或者嫉妒，是因为他本身就富有，比以往更丰饶，从中抽出的新芽，沐浴着轻风的滋润，或许更摇曳了，更脆弱了，更零散了，但却充满了说不尽的希望，新的希望和前进的力量，新的不甘和奋起……"

《悲剧的诞生》

一

为了使《悲剧的诞生》（1872 年出版）能够被公平地对待，我们应该试着忘却一些东西。这本书最能产生影响的，引人入胜的，正是它错误的地方——就是涉及了瓦格纳主义，它如同疯狂蔓延的疾病一样，不断地强大。其实这篇文章是瓦格纳生命中极其重要的一件事，自此以后，瓦格纳的名字才有了充满光明的未来。到现在还有人提起，有些时候是出自《帕西法尔》的；因为很多意见认为，这项运动对文化有着极大的意义，所以这个责任本该由我承担——人们往往引用这些书作为“从音乐的精神中悲剧的重新产生”：有时候人们看重艺术形态的新的形式，只关注瓦格纳的目的和态度的新方式，却不怎么关注藏匿于这个作品中的精华。“希腊文化与悲观主义”，这是一个明了的标题。这个标题的第一条疑问是：希腊人应对悲观主义的态度和理解——以及他们应对悲观主义的方法……希腊人并不是悲观主义者，这一点可以由悲剧证明：这是叔本华没有考虑到的，就像他考虑其他方面没有考虑透彻一样——站在中立的位置来说,《悲剧的诞生》貌似并不太适合当时的情形：人们无论如何也没有预料到这本著作是在沃特战役的炮火中拉开帷幕的。那时我正在部队服役，在密茨防线后看护着病患的我，曾在9月的霜夜里多次思量这个问题；所以人们一开始就相信这部作品创作于50年前。它对政治问题是不关注的——也就是"非德国化的"，现在人们说它弥漫着令人厌恶的黑格尔气息，某些表达方式却带有叔本华独有的殓尸香气。用一种"概念"——即狄俄尼索斯和阿波罗的对立——归结为形而上学；历史原本就是以这个"概念"进行衍生发展的，在悲剧里，这种对立被转化成了一个整体，也就是这种对立不再存在。从这种观点出发，许多从来没有出现的事物猛然间却成了对立的，它们相得益彰，彼此照应……比方说就像歌剧和革命——由此来说，这本著作阐述了两种全新的变革：其中一种便是对希腊人狄俄尼索斯现象的了解——这是对这种现象进行的首次心理解析，可以在这本书里发现，作者认为这一现象是整个希腊艺术的发源之一。第二种就是对苏格拉底学说的认知，这本书初次认为苏格拉底是使希腊灭亡的重要因素，是颓废派的典型。"理性"打败了"本性"，这里的"理性说"被看成是摧毁生命力的强大的破坏力！全书中没有任何一个字是提及基督教的，从开始到结尾都保持着对基督教深重又充满仇视的沉默。这既不是阿波罗，也不是狄俄尼索斯，这是对一切美的意义的否认。唯一在《悲剧的诞生》中被认定的是：在最深远的意义上，基督教是虚无主义的，然而在狄俄尼索斯的表现中，他却极大地被肯定。但有一次提到过基督教的神父，说他们是"土耳其式的侏儒"，或者像"地狱里的魔鬼"一样阴险狡诈的人……

二

我的这一部作品是光彩夺目的。以我发自内心的经验来说，我发现了从古到今仅有的状态和象征——我是第一个读懂狄俄尼索斯这一令人惊讶的现象的人。我认为苏格拉底是颓废派，这就完美地阐明了我的心理学说是可信的，不会受到任何“道德扭曲”的危害，因为我认为道德本身就是颓废的另一种化身，这是认识史上的一个全新的开端，是精妙绝伦的看法。我是如何高明地击败了那些傻瓜一样的乐观主义对抗悲观主义的庸奴们！一开始我就发现了这种独特的对立——隐匿着的报复心对抗天性的退化（基督教，叔本华学说，一定程度上还包括柏拉图哲学，这些理想主义的例子都是最鲜活的例子）和一个出于充沛或者超丰沛的，天生的，最顶端的肯定形式，一种毫无保留的认可，对痛苦本身的肯定，对生命本身和一切不熟知的事物的认定……这种最后的，最愉悦的，最勇猛精锐的生命的赞赏，不仅是崇高深切的认识，也是对真理和科学所公正认可的，也成了科学和真理的奠基石和一贯的理念。还没有被清算的东西已经被删除，也不缺少任何东西——因为在价值等级制度中，基督教徒和许多虚无主义者不接受的生命因素甚至超过了颓废本身所认可的因素。我们必须保有足够的勇气去理解这一点，而且，勇气的前提是我们要有充沛的精力，因为只有在勇气所及的区域内，在力量所能达到的范围内，我们才会离真理越来越近，这都依靠着经历的强度。现实生活中的“肯定”的含义，对强者来说是意义重大的，对弱者来说也是同样的道理。正如在懦弱的影响下，弱者必定会惧怕或逃跑——“理想”同样是这样的……弱者不能随心所欲地去认识解读自由，颓废的人缺少了谎言就没法生活——这是他们赖以存活的砝码——如果有人了解“狄俄尼索斯”一词的含义，而且能够从他自己本身的经历中所领会，就用不着再去反对柏拉图，或叔本华，或基督教……他会轻易看透那样腐朽的本质……

三

我是如何发现“悲剧”的含义的？我发现了悲剧心理最准确的认识，关于这些我已在《偶像的黄昏》一书中第139页做了简单的说明。“生命的肯定，甚至对生命最艰难和最奇怪的问题的肯定。生命的意志就是它的不可磨灭性，也在于它的最崇高的牺牲，就如同心甘情愿一样——我认为它是狄俄尼索斯式的，是通向悲剧诗人心中的桥梁。不是渴求摆脱恐惧和怜悯，也不是为了凭借勇猛坚毅的决绝去冲刷危险的感情——这是亚里士多德[①]所误认为的——而是为了打败恐惧和同情，成为产生本身的永远的欢乐——这样的欢乐原本就包含着对毁灭的欢乐……”从这个方面来说，我似乎可以把自己看成是第一个悲剧哲学家——即与悲观哲学家相对立。在我之前，从来没有人把狄俄尼索斯的典型方式看作哲学的方式——因为从来没有悲剧的智慧——我在解读希腊伟大的哲学家们的时候，发现在苏格拉底出现两世纪之前，找不到类似我这样的哲学家。只有对赫拉克里特[②]持有一些怀疑，在接近他时，我感觉到比在任何地方让我觉得舒适温和。流

① 亚里士多德（Aristotle，公元前384~前322年）：古希腊哲学家。

② 赫拉克里特（Heraklit，公元前540~前480年）：古希腊著名哲学家。

转和消亡的肯定对于狄俄尼索斯来说是起着决定性作用的。对反抗和战争的肯定，对于“产生”的肯定和坚决否定“存在”——我在任何情况下必须承认他和我的想法是非常相似的。“轮回永恒”的说法，就是说万物是不停息地在重复轮回——这是“查拉图斯特”的学说，也可以认为是赫拉克里特所坚持的学说。至少，传承了赫拉克里特基本思想的斯多噶派就存在着有关它的明显踪迹。

四

在这篇文章中显露出了极大的希望。如果将这希望寄予狄俄尼索斯的音乐前景上，似乎是不可能的。将目光放远未来的一个世纪，你们就会发现我要对两千多年羞辱人类和违背自然这件事的袭击是成功的。那全新的生命之旅，承担着一切重大问题和人类最高等的训练教育，包括对于退化和寄生的事物毫不留情地淘汰，这将使世界上生命的繁荣建设重新出现，使狄俄尼索斯的现象再次出现。我预言一种悲剧的时代将要来临：当人类经历了战争，体会了战争的痛苦，却又意识到这是必不可少的，不会再觉得它是痛苦了之后，就是认可了生命的最高艺术形式，即悲剧，必定会再次出现……心理学家可能会在这里说：我小时候听到的瓦格纳的音乐其实与瓦格纳没有关系；但我此时所提及的音乐，是在说那都是我所听到过的音乐。我必须本能地把一切东西都转换成我内心所具备的新的精神。这说服力充分的证据，就是《在拜罗伊特的瓦格纳》一书，书里每一处心理问题的文字都是在说我自己——在文章中看到的瓦格纳，都可以毫无顾忌地想成是我，或者是“查拉图斯特拉”。诗情磅礴的艺术家的影子，就是“查拉图斯特拉"，用浓墨重彩的文笔描绘，而实际上从未与瓦格纳的真实形象有一丝一毫的接触。瓦格纳自己是明白这一点的，他在这篇文章中是认不出自己的。同样的，在研究我的"查拉图斯特拉"的学者眼里，"拜罗伊特思想"成了可以向人们解释明了的名词了；在那宏伟的中午，就是那伟大之人献身最崇高使命的时刻——又有谁明白呢？一个幻想中的盛大节日，是我将要经历的。开头的几篇文章是说世界历史的，第 7 页所谈及的看法，就是"查拉图斯特拉"最初的看法；瓦格纳、拜罗伊特，整个德国渺小形容的难堪性，变成了描述未来的空中楼阁里的一朵云。我天性里明晰的地方，心理上的，都和瓦格纳的是相差不远的——光明的道路和痛苦的磨难是相互融合的。意志的权利，在整个历史上是从未有人具有过的。精神上无所畏惧的勇敢，不停脚步的求知的力量，不会危害要行动的意志。这一切都在这本书里预言到了：希腊精神就快要重生了，那些反对亚历山大的人必定会出现，在亚历山大用长剑完成了对戈尔狄俄斯之结的裁决之后，这些反对者又一次将希腊文化的戈尔狄俄斯之结再次连接起来。可以听到这世界历史的声音，就好像在第 30 页所说的"悲剧的意态"的意义一样，这本书中随处都可以见到世界历史的强音。在能够拥有的一切之中，这是最特异的"客观性"。我对我自己有足够的了解，这映射到某些现实当中时更加清晰——对于我自己的真理，是来自内心最深处的。在书中第 71 页有关"查拉图斯特拉"风格的言论，是我信心满满的陈述和预言。而且我们在任何地方都找不到比第 43~46 页更友好的表达方式，去阐述"查拉图斯特拉"的事业是伟大，是人类彻底净化和奉献的景象。

《不合时宜的思想》

一

《不合时宜的思想》中的四篇文章，都具有非常尖锐的攻击性，这些文字证明我并不是一个一无所知的傻子，而是个敢于剑拔弩张的勇士，也或者能体现我非凡的计谋。首次的出击（1873 年面世）目标是德国的教育，对此，当时的我就有着严苛的看法。这样的教育是没有意义、没有质量，也是没有目标的，仅仅是一种简单的“公众想法”罢了。让人觉得荒唐的是，他们认为德国在武器上取得的不凡成就也就是战胜了法国，是这种教育所创造。

第二篇《不合时宜的思想》（1874 年面世）深刻地揭露了我们在科学活动中的危险性，以及对于生命的吞噬和毒害：生命的病痛并非是肉体的齿轮零件和机械装置的疾患，而是得了工人“非人性化”的毛病，被传染了“劳动分工”这种虚伪的经济学说。真正的灵魂——文化，却完全沉沦了。他们却将科学事业和科学手段变得野蛮……这篇文章里，时代引以为傲的“历史意义”出人意料地首次被人们驳斥是病态和彻底衰败的表现——《不合时宜的思想》中的第三篇和第四篇文章，明确地体现了作者对文化的高尚意义的想法，以及对“文化”全新的建设。体现了极端自我控制和自爱的态度，这是最典型的不合时宜的表现，他们对身边的类似“帝国”、“教育”、“基督教”、“俾斯麦”[①]、“成功”的事物都持着极度的藐视与不屑。他们是叔本华和瓦格纳，也可以用一个极具代表性的词来说就是——尼采……

二

这四篇文章中，第一篇文章的抨击性是最强的，也是最具有代表性的。这篇文章引起的反响从任何一个角度来说都极具深远的意义。我犹如抚摸着一个常胜将军的伤口，他的胜利并不是文化上的盛典，更确切地说，也或许完全是另外一种情形罢了。我听到回答从四面八方向我涌来，不仅仅只是来自于大卫·施特劳斯的旧友们。我从前曾嘲笑过他们，把他们视为德国知识庸人的代表，或者简单地说就是毫无用处的书呆子。闲暇之时空谈“新旧信仰”的《福音书》作者（自此之后，知识庸人一词就在德语中保留下来了）。我大肆地讽刺他们是符腾堡人和施瓦本人，觉得他们是知识人中的怪胎，坚持他们的施特劳斯是不值得一提的，对于我的质疑和不屑，他们的反驳如同村野莽夫，让我觉得毫无可听的价值。然而普鲁士的回答却让我眼前一亮——他们的答案带有出色的“柏林蓝”[②]的风范。最让人反感的就属《边境新闻》的一家杂志，刊登着令人愤怒的消息，我也很难

① 俾斯麦（Bismark，1815~1898 年）：普鲁士王国首相。

②“柏林蓝”：德国一种名牌优质颜料。

因为这件事劝我的巴扎尔朋友们放弃，此时倒有几位坚决支持我的长者出现了，这其中有着说不清的缘由。其中，阿根廷的艾瓦尔特向我表示，我对施特劳斯的攻击，是致命的。又有布鲁内·鲍尔先生，他是黑格尔派的学者，自此之后，他变成了我最热忱的读者。在他的晚年时光，他常常向别人荐举我——他曾向普鲁士历史编纂学家冯·特赖奇克提到，解密他已经遗忘的“文化”的含义可以向我请教。关于这本著作最令人觉得具有真知灼见且篇幅最长的是维尔茨堡的教授霍夫曼所写的，他师出哲学家冯·巴德尔。在他的文章中透露出他预知我将担负着卓越的责任——在引起危机和胜负将决的有关无神论的问题上，他预见我将是其中最本能和最坚持的勇士。而就是这样的无神论，成了我走向叔本华尔的道路——最引人注目的是卡尔·希勒布兰德的赞赏，他是一个性情温和，却有着锋利如刀的文笔的德国人，他写的有关我的著作的文章被称为最犀利、最勇猛的评论文。这平日里最平易近人的人，辩护起来却丝毫不亚于冲锋的战士，用他那尖锐敏感的笔。这篇略带严谨的文章现如今还能在他的全集中读到的，也曾发表在《奥格斯堡日报》。在这篇文章中，他认为我的著作是现实的写照，是新的希望，是自我醒悟的曙光，是最崇高的行为，而且被人们称作德国精神建设的重塑与情感的升华。希勒布兰德竭力称誉这篇文章形式之巧妙、内容之成熟，以及不乏生动的意义，在区分人和事物方面有着尽美的感觉。他认为这是德国论战文历史上不可磨灭的一笔，也是力度最雄厚的一篇——这样的论战形式对德国人来说是充满危险且又充满警告性的。我毫无顾忌地谈论语言在德国慢慢衰退的问题，他义无反顾地表示赞同，甚至于希望我的文章能够更加尖锐直白，如今那些假扮语言学家的人们，将文字改编得支离破碎，甚至于连一个句子都没法组成，他在表示对这个民族所谓“一流作家”的蔑视的同时，又在文章结尾表示对我的勇敢的惊讶与赞赏——那种“无所惧怕的勇气让他把一个国家的宠儿送上了被质疑的地位”的不屈精神……这篇论文的浸染在我一生中有着不可估量的价值。从那以后，不再有人和我争辩了。人们沉寂下来了，在德国，人们开始用幽寂而严肃的态度看待我，多年以来我习惯了肆无忌惮地谈论我的想法，但是像我这样的人，我到现在为止还没有遇见过，尤其是在“帝国”。我的极乐世界“在我的宝剑的挥舞之中建立”……其实我是履行着司汤达的箴言的，他提倡人们要抱有决斗的心态走向世界，就像我是抱着何等决斗的心态去选择我的敌人战斗一样，选择了“帝国”的那些一流自由的思想家们……但实际上，自此以后才出现了一种全新的自由主义的氛围，直到今天，对于我来说，还有没比欧洲和美洲的自由思想者更让我觉得疏离、遥远的。我认为和这些人搏斗比和“近代理想”的庸人和愚笨的对手搏斗更让感到痛苦，以至于让我觉得自已处于夹缝之中。他们也乐意用他们的手段去同化人类，把人类变成他们那样。他们和我的意志、我的言论做些殊死搏斗，我假想他们能够明白——他们永远忠诚于“理想”……但我是第一个不同于别人的反道德论的开拓者。

三

我并不是肯定地说，《不合时宜的思想》中以叔本华和瓦格纳作为标榜的两篇文章会对了解他们起到很重要的作用，或者也能作为探讨他们心理与思想的有力根据。当然，除了一些细微之处——比如，其中用深刻本能的精准，也都裁定瓦格纳天性里的原始的天赋是作为表演的宠儿，他的想法和结论仅仅是从这类人的身上才得出的。事实上，我原本考虑着从这样的文章中挖掘出一些心理学以外的东西——标新立异的教育问题，自我反省的精确含义，依照他首次言论，开辟一条通向宏伟和具有世界历史意义的道路。从大体上看来，我简单精准地把握住两种名著的表达方式和其他的写作优点，但并没有确定它们的类型，就如同有些人很好地利用了一次机会，有所建树，因而期望着能够再多获得一些方式，能够有与别人谈论的资本。这是在第三卷《不合时宜的思想》中第 93 页明确地写着的。柏拉图曾经用这种方法研究过苏格拉底，这成了柏拉图的标志学——病态学。如今，我隔着时间的距离再一次回想那时的情景，我没法否认这些文章就是纯粹在说我。《瓦格纳在拜罗伊特》这篇文章，是我对将来的憧憬；相反的，《教育家叔本华》这篇文章，是我内心的经历和我的蜕变史。换一种说法，那就是我对自己许诺下的誓言……现在我到底是什么样的人，现在我到底处于什么样的位置——在高处，在那里我不用文字来说话，而用电和光来呐喊——当时我离那儿还是多么遥远啊——然而我却看到了陆地——不会以为一刹那而将自己丢失于道路上，沉沦于海洋，低头于艰险——和丧失于成功！期望中的极端宁静，幸福地畅想未来，未来不应该只停留于幻想中——在这里，我所说的每个字都是我亲身体会得来的，都在我内心深处留下烙印；它也有痛苦的创伤，有许多文字是我用血泪所写成的。但是当强大的自由之风吹过时，一切都会被吹散。这些创伤是鲜血淋漓的——我所理解的哲学家，是如同炸药一样可怕的，他的四周都充满了危险，我所说的“哲学家”的概念和其他人甚至包括康德所说的是不同的，更不必说其他学院派的“反刍者”和其他学习哲学的人所认为的哲学家了，是不可以相提并论的：因而这篇文章有无可比拟的教育意义，也认为这里并不是“教育家叔本华”，而是它的对立者“教育家尼采”。考虑到当时我的工作仅仅是个学者，或许我也真的了解我的工作，所以尽管对于突然而来的关于学者晦涩的心理问题，并不是毫无意义的：它阐述了距离带来的情感，以及这样的认可——对责任、计谋、意外和附加事物的不可动摇的信心。我去过的许多地方和许多经历，以及我的智慧，使我变得卓越，使我能够成功。所以注定在某一段时间里，我能成为一个学者。

《人性的，太人性的》附两个续编

一

《人性的，太人性的》这本书，其实是一座关于危机的纪念碑。这也是一本为自由的灵魂而著的书。这里面的每一句话都代表着一种胜利——因此，我也摆脱了自己天性当中不和谐的东西。理想主义就是与我格格不入的东西。这篇文章的题目意在说明，“当你们看到那虚无缥缈的理想主义的地方时，我却看到了人性，唉，太人性了”！我对人的认识又一次加深了。然而自由的精神在这里，似乎只能解释为让自己重新获得自由的精神，并无第二种解释了。这书的音调、韵律全都改变了，人们也将从中收获聪明、冷静，有时还会感到生硬甚至是冷嘲热讽。崇高意趣的某种精神性，反而在不断寻求能够凌驾于激越的感情之上的东西。在这种情况下，这本书初次出版发行是在 1878 年，伏尔泰逝世 100 周年纪念日。虽然有些不妥，但也还算是名正言顺。因为伏尔泰与其之后的作家大有不同，他是精神的巨匠。而我，也是如此。伏尔泰的名字能够在我文章中出现，这是一种进步，也是他向我走近的一步。假如人们能够仔细查看，就可以发现一个无情的灵魂，它知道理想的藏身之处，幽居并且独守着最后的阵地。手拿一把火炬，那可并不是飘忽摇曳的火光，而是用来通照理想地狱的熊熊之火。这便是战争，没有硝烟的战争，没有斗争的场面，也没有激烈的情感冲突，更没有在战争中受伤的尸骨。然而，这一切本身其实就是理想主义。种种错误都被打入冷宫，理想却不加辩驳，他早已冻僵了，比如，这里刚冻死了“天才”，在那边，“圣徒”也倒下了，在另一处冰山下，还压着“英雄”，最终冻透了“信仰”和那些所谓的“信心”，还有“同情”也统统跌落到了冰点。到处都是冻死了的自由之物。

二

这本书的前半部分，是我在拜鲁特城寓居的那段时光中写成的。我写这本书的原因之一，便是抒发我对那个时候自己所遭遇的落魄寂寞环境的一点感想。只要有人能够稍微了解一些我所经历的路途，就可以轻而易举地猜想到当我在拜鲁特城醒过来的时候，我是怀着怎样复杂的心情！似乎一切都是一场梦，我不知自己身在何处！什么都不认识了，连瓦格纳我也几乎全都忘记了，思绪在空蒙的大脑里摸索无果。就连特里普森—— 一个遥远却充满快乐的小岛，我也没有一点印象了。奠基礼时难忘的庆典活动，那些亲密无间的小伙伴，一群极度敏感的人们欢乐地庆祝着，这些居然也像是没有一丁点儿记忆似的，这是怎么了呢？有人将瓦格纳的名字给德国化了，而瓦格纳的信徒们已经凌驾在他之上了！德国的艺术啊！德国的大师们啊！德国的啤酒啊……而我们这群对瓦格纳的艺术了如指掌的局外人，一旦发现瓦格纳和德国的美德相关联，和那些狡猾宇宙政治论的艺术家讲话的时候，我们就察觉出了异样。我想，我是了解瓦格纳派的。毕竟我已经经历过三代人了，从那个将瓦格纳和黑格尔混为一谈的布伦德尔，到把瓦格纳当作自身的拜鲁特报业的理想主义者，我听到过太多“美丽的灵魂”向瓦格纳的表白了。那是个精通阿谀的王国，事实上，有着一群极其讨厌的人。诺尔、波尔，光听名字便知道是什么货色。这里面还不乏各式各样的低能儿，甚至连反犹太者也在其队列。可怜的瓦格纳啊！他到底去哪了啊？是走到猪群里去了吗？那他又怎么混在德国人中间？最后，为了警醒世人，倒是真的应该将一个拜鲁特人制作成标本，最好浸泡在酒精里，因为他正好缺乏精神，外面一定要注明，人们处心积虑建造的国家的新精神状态就是这个样子。够了，虽然有一位美丽的巴黎女郎苦苦相劝，但是我最终还是在几个礼拜之后离开了那个地方。之后对瓦格纳发了一封出乎意料的请他原谅的电报，以作辞别。在波希米亚森林最最隐蔽之处——克林恩布隆，我怀着深深的幽怨，和对德国人的成见，似突发疾病，又彷徨不已。有时，在我的笔记本上，写下一两句，命名为“犁头”，写的大多是些心理学上的字句，也许，在《人性的，太人性的》这本书里你会见到的吧。

三

在那段时间里，真正令我痛苦的，其实并非与瓦格纳的绝交——更多的，是我自己本性的彻底错乱，而我辞任巴扎尔大学教授一职，不过是一种表面现象罢了。我对自己总是会莫名其妙地不耐烦，我也老是想，是时候让自己回归本真了。有一次，我突然明白过来，我似乎已经浪费了大把大把的日子，这是多么徒劳无益。作为一个语言学家生存于世，其实和我真正想要从事的事业毫不相干啊，我对这过分的虚伪谦卑而感到羞耻。在过去的十年间，精神上的滋润早已完全停滞，没有学到一丁点有用的东西，却毫无征兆地忘却了好多东西，光顾着研究那些尘封的空洞的学问了。像一个年老的书呆子，还是个短浅的近视眼，只能小心翼翼地推敲一些无用的词句。我竟然也到了这种地步？我开始日渐消瘦，像是饿坏了的人，顾影自怜。现实性其实不存在于我的知识体系当中，而理想性却一直像个恶魔一样如饥似渴地烦扰着我。从那个时候开始，我除了从事生理学，医学和自然科学以外就没有干过别的事情——即使回归到对历史的研究，也只是因为我对研究其他问题的需要罢了。那个时候我就发现了一种关联，就是违背自己的本性从事的最后得以成名的事业，与那种刺激的艺术对于饥渴的麻醉感的需要是有联系的，就像瓦格纳的艺术和这二者之间的关系。当我小心翼翼地环顾四周时，就会发现很多相似的青年，他们也是困在这样尴尬的境地中。因为，一种不自然的形式会使人们不得不采用另外一种形式。毫无疑问，在这种情景之下，在德国会有很多人都要被迫过早地选定职业。但后果就是，在这种不能反抗的压迫之下，长时间地痛苦着，这群人对瓦格纳的追求就像是烟的存在对于吸烟者一样，能够让他们有一时的喘息之机，在某一刻，得以彻底忘掉自己。到底多长时间呢？或许，五六个小时罢了。

四

从那以后，我的本能促使我不屈不挠地与长期的波折、同流合污和忘却自己的生活分隔开来。任何生活方式，哪怕是最不适宜的生活状态，疾病、贫苦——这一切似乎都要比那种“忘我”的精神要有价值得多。这种忘我的人生观，其实是在我小的时候就已经不自觉地养成了，后来随着自身的懒惰，以及所谓的责任感，就将它一直保持了下来，并且一直深陷其中。有一种东西实在是玄妙至极，实在是令人感到惊奇，那就是我父亲身上坏的遗传性，这害人的注定早死的遗传性。在疾病当中我慢慢地解脱出自我，疾病替我省去了很多激进的、暴力的、冲动的行为。在那个时候，我并没有丧失任何亲切可感的感觉，反而还得到了很多的同情。疾病开始令我产生思考，思考究竟应不应该丢弃一切坏习惯：它准允，也命令我遗忘，它赐予我安寝的时光，宁静、淡然、寂寞的等待，和诸多不平的忍耐……这些啊，可都叫作思想！我的目光彻底挥别腐朽，准确地说，就是停止在语言学方面的研究，我也彻底卸下了书卷的镣铐，长年累月不碰书了，这是我对自己最大的宽容。那个最原始的自我，因为时时得听从另外的自我（即读书）而日渐消沉，趋近沉没，但慢慢地、弱弱地、迟疑恍惚地复苏起来。最后，他终于发出了声音。我从来没有感受到过如此充沛的幸福，就像在我生命中那久病、痛苦的时光里满是痛楚的记忆。人们只要看一看《朝霞》或是《流浪者和他的影子》就会明白回归自我是怎样一回事，那是一种最伟大的自我康复！其他的康复不过是因它而生的衍生物。

五

《人性的，太人性的》这本书其实是对自己进行严格训练的纪念碑，为什么这样说呢？正是因为它，我才同与我一直如影随形的“超级骗术”、“理想主义”、“美好的情感”和其他所有娘娘腔的东西彻底说再见。这本书的主体框架是我在索伦托（Sorrent）时完成的。至于它最后的截稿，以及现在流传于世的形式，则是我在那个巴塞尔，那个连索伦托都不如的地方完成的，那个冬天的点点滴滴，我至今都历历在目。最关键的是彼得·加斯特，他那时正好在巴塞尔读大学，我们彼此性格相投，在他的帮助下才有了这本书的诞生，实在是应该向他表示感谢。在我包扎着脑袋，忍受着头痛的时刻，我口述，他来编写，并且不时提出一些修改意见——在这个层面上，似乎他才算得上是这本书的著作者，而我倒更像是个所有人。最终，那本书编写完成，当新书放在我手上的那一刻，我想再也没有其他更好的东西能让我这个重病之人感到惊喜了。于是我将这些书分寄给他人，也专门拿了两本寄给了拜鲁特。因缘巧合，与此同时我也收到了一本装帧十分精美的《帕西法尔》，上面还附着瓦格纳写给我的赠言：“赠给我最真挚的老友，弗里德里希·尼采。教会参事里查·瓦格纳”——这两本书的彼此交换，对我而言，恰似听到了一声“阿门”，这实在是像极了两柄利剑彼此交锋碰撞的声音……最起码，我俩彼此都有这种感觉，因为我们都十分默契地缄默不语，与此同时，拜罗伊特报开始正式发行，这时，我便明白了，真是太不可思议了，瓦格纳居然成了虔诚的教徒。

六

在那个年代，也就是1876年，我将对自己的反思，该用什么样的态度去追寻我的事业，以及对于整个世界的思考，统统都在这本书里详细记述了。只是有一点除外，我小施技巧，将“我”字统统免去了。这一次可并非是叔本华或者是瓦格纳了，世界历史的荣光全部都出自于我的一位好朋友——保尔·雷教授的身上。幸好他是一个非常谨慎优秀的人，旁人则没有他这么谨慎优秀。在我庞大的读者群中，其实有很多无可救药的人们。就比如说那些标准的德国教授，常常会因为书中的某一点、某一节就盲目地推断整本书是保尔·瑞主义。实际上，这本书中和我朋友提出的理论相悖的就有五六条，读者们在《道德的谱系》的前言中就可以找到答案。它是这样记载的：最善于沉思和冷静的思想家，《论道德感的起源》这本书的著作者，他是怎样通过对人们行为上精准透彻的分析而推出结论的呢？“伦理意义上的人，其实并不比生理意义上的人更加接近理智世界，因为压根就不存在这样一个所谓的理性的世界。”这句论断，在历史知识的打磨下，变得苍劲有力，锋芒毕露。也许在未来的某一天，也许是1890年，他就可以似一柄锋利的大斧，迎风呼啸着，将人们所谓的“形而上学”的老根拦腰砍断！这究竟是人们之幸呢？还是人们的不幸？谁又能说得上呢？但是不管怎样，这都是极具影响力的声音，可怕但是十分老到的，运用各种知识都所仰仗的双重视角，来分析这个复杂丰富的世界。

《朝霞》——论道德偏见说

一

我对道德论的反对战争是从这本书开始的。这场战争嗅不到一点儿火药味——相反的是，如果你的感觉足够敏锐的话，就会发现这里并没有枪林弹雨，而是有许多亲切的感觉。倘若这本书的影响是负面的，那么它所使用的手段就不同了，而这些手段所产生的影响像是结论，不像是炮声。人们看完这本书后，要怀着畏惧而严谨的态度，看待以道德为名的一些被尊重甚至被崇拜的事物，这与下面我所陈述的事实并恰有相似之处：就是在这本书里，不带有一个消极的词语，不带有任何一点攻击性的情绪或任何一点愤懑的看法——相反，这本书中的每个字都是光明的，圆润晶莹的，平和欢愉的，如同在岸边晒着太阳的海兽们，令人觉得祥和舒心。实际上，我自己就是那海兽：这本书中的每句话，几乎都是我在热那亚的海岸上想出来的，挖掘出的。我独自生活在那里，与大海亲密地低声私语。直到现在为止，偶尔想到其中的一句话的时候，我觉得每个句子都化作了鱼饵，用这鱼饵我又从海洋深处钓出了一些不可思议的东西，它全身的皮肤随着这深远的回忆而羞涩地颤抖着。至于这本书中的艺术，也非同一般。能够轻易抓住那些悄无声息消失的东西，我称它为“神龙”——并不是像那个年轻的希腊之神那样残暴果断地把这可怜的“神龙”刺穿，但仍旧需要用尖锐的东西去刺它，用什么呢？那就用笔尖吧……“还有许多尚未绽放光芒的朝霞啊”，这句印度格言被题在这本书的扉页上。这句格言的创作者要从什么地方才能寻到那清新美丽的黎明？那至今还没有被看见的温柔的红色，开启了整个一天——许许多多的日子，一个崭新世界的每一天——在所有价值的重新估算中追寻，在摆脱道德价值中追寻，在一切到现在为止都被禁止的，被蔑视的，被诅咒的肯定和信仰中寻找。这本受到肯定的书向坏事物散发它的光芒，它的温柔，它的关爱。它把“灵魂”、良知，以及存在的高尚和优越的权利又赠予它们。道德没有受到攻击，没有被放到引人思考的位置……这本书以“或者”做结尾——这也是唯一一本以“或者”做结尾的书……

二

我的责任就是为人类准备一个机会——一个最高的反省的机会，在一个伟大的时刻，人类能够瞻前顾后，从偶然性的统治和教士的权威下重获自由，并且以“为什么这样”与“因为什么原因”这样的问题作为整体发问——这些问题必将用这种观念作解释：人类不会自觉地走上正确的道路，人类绝对没有被神支配着，而是根据他们最神圣的价值观的指导，被消极的本能、颓废的本能、腐朽的本能诱惑着。所以，这道德价值的来历问题对我来说才是最重要的问题，因为他主宰着人类的未来。要我们相信，一切事物完全在善人的掌握之中；要我们相信，《圣经》这本书是在神的引导和命运的智慧留给人类的最后的慰藉。如果把《圣经》还原到现实当中，就会发现与《圣经》不符的意志、真理是没办法存在的。换一种说法就是，人类的命运至今为止是在恶人的掌控中，那些坏人、奸诈之人，即被那些所谓的“圣人”控制着。教士（包括变相的教士，就是哲学家），不单单控制着某一特定的团体，也控制着其他地方。颓废道德，即没落的意识，被看作是道德的原形——这样的现象是非个人主义所崇拜的，对个人主义来说是一种仇视。在这一点上，和我持不同意见的，我认为他是被疾病传染了……但是全世界的人都和我意见不一致……对于一个生理学家来说，这样一种相反的价值矛盾是容易理解的。如果在一个生命体内有一个微不足道的器官稍有点功能衰退，就会使自我保存不能安全地进行了。力量得不到补充，也就不能实行“利己主义”，那么这个生命就会解体。生理学家要求将他病态的器官割离，他反对与疾病的器官共存，更不会对疾病的器官产生同情。但教士却要整个人类都同病变器官一起腐朽，因为他要保留腐朽的那部分——对此他们有自己的想法……如果那些虚伪的概念，也就是辅助道德的那类概念。例如，“灵魂”“精神”“自由意识”“上帝”，倘若不能在最根本的地方毁坏人类，那他们还有什么意义呢……假如人们卸下自我保护的盔甲，不去保持健康，也就是生命的力量；假如人们在病痛之中创造出一种理想，在对体力的不重视之中臆造出所谓的“灵魂的健康”，这若不是导致颓废的方案还能是什么呢？忽略致命之处，对自然天性的违背，总而言之，就是“无私”——这就是现在所说的道德……我与这种自我道德的斗争，是自《朝霞》这本书开始的。

《快乐的科学》

《朝霞》是一本值得肯定的书，它看似深沉，充满奥秘，实则亲切又自然。这与《快乐的科学》这本书极为相似。《快乐的科学》中的每一句话都是把深奥的道理用满含戏谑的语言描述出来的。以下这一首诗能充分表现我的心理，那是一种奇幻而又美妙的感觉，还带着感恩的成分，表达着对 1 月的感激，因为这部作品便是 1 月的恩赐，相信它阐明了科学由深奥的思想变得快乐的历程。

你用带着烈焰的弓箭，
融化了我灵魂深处的坚冰；
希望之海散发着耀眼的光芒，
挣脱的灵魂终于可以徜徉；
甚至比以往更加强壮、健朗，
自由的灵魂深情吟唱，
你是奇迹的化身，

在最美的时间盛放。

这里所说的“希望之海”是什么呢？凡是能够看到这里并且提出疑问的人，必然会看到《查拉图斯特拉如是说》第4部分结尾的一句话，它闪耀着璀璨的光芒，能够像钻石一样的光芒。或者，他也看到了第3部分结尾的内容，一种可以在任何一个时代通用的原则，必然是借助自身才被定为原则的。《福格尔伏莱王子之歌》，这首诗的大部分都是在西西里岛时写的，让人很容易记住普罗旺斯语中的“gayascienza”（快乐的科学），这种精神是歌者、骑士，以及自由主义的统一。也正是是由于这个原因，才使得普罗旺斯人的早期文化能够一反常态地光辉灿烂。诗歌的最后部分——《致米斯特拉尔》，这首自由欢快的舞曲尤其引人注目。在这首诗歌中，我想说的是：将道德踩在脚下，这才是普罗旺斯主义的精髓所在。

《查拉图斯特拉如是说》
—— 一本为一切人而作的书

一

现在，我来讲述有关《查拉图斯特拉如是说》这本书的创作过程。这本书最基本的观念是永恒轮回的思想，也就是人们所能接近的最顶端的肯定形式——它完成于1881年的秋天，它最初的模样是我在一张稿纸上描绘构想出来的，我还题上了这样一句话：“距离人类和时间1800米的彼岸。”那时我在瑞士西尔瓦波拉纳湖边的林中散步，在离苏尔莱不远的一块形似金字塔的高石堆旁驻足。就在那时，从我心中冒出了一个想法。——追溯到几个月前的一天，那个时候我已预感到，我的追求，尤其是在音乐方面的喜好，有了突然、明显和深刻的变化。也许人们可以把整个“查拉图斯特拉”看作音乐——明显的，我的听觉艺术的重生就是其先决条件。

1881年，我在意大利威尼斯附近，距离雷夸罗的维森查不远的一个山泉旁的疗养院里度过了整个春季。那时陪伴我的是作曲名家彼得·加斯特，他也是我的朋友——同样的，他也是一位重生者。我们发现，不灭的音乐之鸟犹如凤凰一样，身披绚丽而轻盈的羽衣，鸣叫着从我们头上飞过。从那天开始算起，直到1883年2月，在毫无希望的境况中突然降临为止——这本书的结尾，就是我之前在此书的引言中引用的那部分，在这神圣的时刻完成了结尾，也就是理查·瓦格纳去世的那段时间，所以这本书一共用了18个月才完成。也就是18个月这样一个奥妙的数字，督促和引导着我完成了它，按照佛教的玄机推究，我也许就是一头母象——这期间的闲暇时光，我还创作了很多事物，但都无法与《快乐的科学》这部作品相比较。而它又赋予了《查拉图斯特拉如是说》这本书的开端，在第四卷结尾的前一段，也是对“查拉图斯特拉”基本构思的一个描述——同时，也在进行着《生命颂歌》的创作（混声合唱和混合乐队），它的合奏曲谱于两年前，由弗里茨在莱比锡出版了：它大概是对我这一年的精神状态的一种总结，那是我认为最好的满含悲剧的激情，并在我的内心留存了一年之久。也许在以后纪念我时，人们还会将它吟唱一遍——对于歌词，我要在这里加以特别的说明，因为盛传着歌词是我写的这种流言，其实它是由一位名叫露·冯·莎乐美的俄国少女创作的，她是我的朋友。谁能够猜透最后几行歌词的含义，谁就能明白我为什么如此称赞它，并觉得它惊艳，因为它包含着伟大。不能把痛苦当作生命的敌人：“你再也没有多余的幸福给我了吗，那么你也可以给我你的痛苦啊……”我的音乐也许是在这里才变得伟大的。（竖笛最后一个曲谱不是C调，而是cis调，这只是印刷错误了。）那年冬天，我住在离热内亚不远的拉帕罗海湾。当时我的身体不太好，那个冬天极其寒冷，并且比以往下了更多的雨，我的住处直接靠近海岸，每当风雨交加的夜晚，屋外的风雨声总惊扰得我无法入睡，总之，当时的环境与人们所想的是完全相反的。尽管如此，却证明了我所说的话，即“一切决定性的事都是在绝境中产生的”，在那个寒冷的冬天，在那样恶劣的环境下，我创作出了《查拉图斯特拉如是说》。每天接近中午的时候，我都会沿着朝南通向左格里的街道漫步，登上山冈，穿过树林，凝望波澜壮阔的大海；午后，只要我的身体状况允许，我就会绕着桑塔玛格里塔至波尔多弗诺岬角滨海散步。这个地方和这里的风景，因为腓特烈三世的钟情，我也更加喜欢了。后来在 1886 年的秋天，我偶然又重新来到这里，那也是我最后一次游历这被遗忘的幸福的小岛——在这两条路上，我思考出了“查拉图斯特拉”的雏形，更确切地说，“查拉图斯特拉”本身就应该是一个典型，是它袭击了我……

二

要想理解这种典型，应该首先了解它的生理条件：这便是我所说的特别的健康。这个道理我在《快乐的科学》第五部分的结尾解释得最为确切和圆满。“我们这些新人，无名之徒，不容易被理解和认可的人——也就是说——我们这些人还是看不到前途的早产儿，为了达到我们新的目标，便需要一种全新的工具或者手段，这便是我所说的特别的健康。这种健康是一种比以往更健壮、更鲜活、更坚韧、更勇猛、更愉悦的状态。一个人若是渴望经历更多的事情、创造更多的价值，希望环绕理想的‘地中海’沿岸去探索、去冒险，并从中得知一个理想主义者发现和征服理想的经验，或是想象成为一位艺术家、一个圣徒、一个立法者、一个哲学家、一个学者、一个虔诚的信徒、一个怀抱陈旧思想的神圣而古怪的人是怎样的心情，这都需要一种特别的健康状态——这是一种不但要一直保持而且在未来都不能丢弃的健康，因为这种健康在时下，以及未来都用得着……只有这样，像我们这种在理想主义的航程中行驶了这么久的人，才不至于在中途遭遇灾难和损伤时，选择中途放弃，因为我们比别人想象得更为健康，在遭遇创伤时能够恢复。而且，就像前边说到的一样，这种健康状态让我们获益，我们也要去报答它，如此一来，我们的面前又多了一个尚未被发现的新大陆，没人知道它的边际，它是一切理想主义的彼岸——一个充满美好、新奇、疑问、恐惧，以及奇妙的世界，我们的好奇心和占有欲也被它唤醒，从此以后，再也没有什么东西可以满足我们的欲望了……而我们，怀着对知识和道德的期望，又怎能对现在的人感到满意呢？这种最糟糕又最不可避免的情况便是——我们无法以真正庄严的姿态正视这光荣的目标，而且对此充满了不屑……另一个理想向我们飞奔而来，这是一个带着试探性和危险性的恐怖的理想，我们不想让任何人去相信它，因为我们不想轻易地承认任何人可以拥有这方面的权利：它是一种纯朴精神的理想，生命力蓬勃而强大，是现在为人称道的、神圣的、不可触碰的神奇事物，用它来衡量普通民众的最高价值标准，便是滑向了危险、颓废与卑贱，或者是休养、盲目与暂时忘我的体现。人的善意之举和善意的理想，都是以一种严肃的形式出现的，当它以一切文字、表情、声音，以及道德等的种种姿态呈现时，也一直是被动的模仿，这样看起来有悖人性。但是，无论怎样，这种理想也会带给人一种特别的严肃，这种严肃将会引来更多的质疑，命运也因此开始有了转折，时间流转，生命的悲剧也就此拉开了帷幕……”

三

在19世纪末期，有人了解强大时代诗人所提出的“灵感”的意义吗？如果没有，那我想在这里谈谈我的见解——事实上，如果一个人身上还有一些封建的残余意识存在，他就不可能拒绝这样的事实：人不过是一种巨大力量的化身、口舌，以及媒介罢了。所谓启示，其实就是我们突然间听到或者看到了一些深刻而又接近真实的事物，而这些又可以作为震撼和推翻一些固有观念的依据，并触动每一个人内心的最深处。

如果听到了它的声音，却不去寻找它。得到了东西，却不问给予者是谁。这样一来，一种思想就会像闪电一样，以不可回避的姿态出现，但却不会长存，因为人们放弃了选择的权利。伴随着一阵狂喜之情，紧张感也随之而来，这会让人热泪盈眶，就连行走的步伐也不由自主地时缓时速；那是一种浑身上下完全不受自我控制的剧烈战栗和情感的释放；紧接着，一种莫大的幸福感油然而生，这种幸福感是带有挑战性和制约性的，存在于幸福的最深处，其中的痛苦和渴望不仅没有阻碍着它，反而对它有帮助作用。就像注定的或是约定好的一样，是这种耀眼的光芒不可或缺的色彩，一种韵律动作，一种本能的需要。这种飞跨的形式，这片广阔的空间，几乎可以作为“灵感”之力的尺度，也就是它压抑和紧张情绪的缓和……这所有的一切都是无意间完成的，但也像极了一场自由的、必然的、权威的、神圣的风暴……最引人注目的，便是这形象和象征没有预兆的出现。人们已经不会去了解这形象和象征的意义了，世间万物都呈现出最贴切、最正确、最简单的形式。引用“查拉图斯特拉”的话说就是，一切事物就像自己走过来一般，自愿充当象征。这里的万物都温柔地服从你的命令，谄媚着你，只是因为它们都想骑在你的背上奔跑。在这些影像的呼应下，你将奔向真理。在这里，所有的语言和文字都向你奔来；在这里一切存在都渴望变成一个词语；而这些变化都想和你学习语言的技巧—— 这就是我对灵感所有的经验；我并不惊讶人们要倒退到几千年前才能找到一个敢向我说“我也有这样的经验”的人。

四

有几个星期，我在热那亚养病，紧接着又在罗马度过了一个毫无生气的春天，在那里，我差点儿丢掉性命——想想那时真是太不容易了。由此看来，这里对“查拉图斯特拉”的作者来说是最不适宜的地方，这不是人自愿选择的地方，所以我异常恼怒；我想离开——想去阿奎拉，那个用来攻击罗马才建造的、罗马的敌对城。就像我渴望有一天自己也能够建造这样一座城，用来纪念一位信奉无神和对宗教主义抱有仇视心态的人，在适当的时候，纪念我的一位近亲，伟大的霍亨斯陶芬皇帝腓特烈二世。但这又是命运：我那时不得不返回罗马。最后，我又渐渐适应了巴贝里尼广场，在我没有找到一处不存在基督教的地方之后。我记得，为了躲避不好的氛围，我曾到德尔奎里纳莱询问过，问有没有一间可以供哲学家居住的房间。幸运的是，广场前方正好有一处柱廊，在那里可以眺望整个罗马城，倾听脚下广场喷泉的流水声。在那里我写出了最寂寞的歌——《清夜谣》。这时有一种忧郁的情绪围绕着我，这种情绪我寄托在重复的“在不朽之前没落……”这句歌词上。到了夏天，我回到了“查拉图斯特拉”的“发源地”，仅用了十天的功夫就写完了余下的部分。我写第一部分、第三部分，以及最后一部分时，都没有用过比这次还长的时间。那个冬天，在尼斯的严寒里，我第一次感受到了照进我生命的光辉，我完成了第三部分，就算是全部都完成了。整本书花费了不到一年的时间。我在尼斯地区许多偏僻且不知名的山水幽静之处度过了难忘的时光。题为“旧的法板和新的法板”的一章，就是在我攀登从车站到摩尔人的神奇崖穴时产生的灵感——在创作灵感如同泉涌的时刻，肌肉也变得异常矫健。抛开“灵魂”，有着躯体的蓬勃精神就已经足够了……那时人们看到我手舞足蹈，那时候我可以不知疲倦地在山间连续行走七八个小时。我当时的睡眠状况极好，常常面带笑容——那时的确是异常的坚韧而且精力充沛。

五

抛开这写书的10天，从整体看来，在创作和完成《查拉图特斯拉如是说》的几年，尤其是在成书之后，是我平生最艰难的时期。人们发奋图强，若想要铸造不朽，在活着的时候就应当做好为此牺牲好几次的准备，就是这样一种东西，我把它称作“伟大的可恶之处”。一切伟大的事物，不管是事业，还是行为，在它完成的时刻，就会立即反作用于它的创造者。但正是因为它是被创造的，所以比起它的创造者，它又是弱者——它不能再支撑创造者所成就的伟业，也不敢直视创造者。人们不敢想象的、关系着人类命运的事，一旦完成了，那也就到该担负责任的时候了，而这几乎会将人类压垮……所谓的“伟大的可恶之处”。另一种东西就是周围充斥着的寂寞的氛围。寂寞有七层皮肤，几乎没有什么东西能够刺死它。当你走向人群，与朋友握手问候，这其实意味着一种新的荒凉的到来，所以，不见面显得更有诚意。准确地来说，这算是一种反抗，这种反抗在我和我最亲近的人们身上时常体验着。我觉得，没有比别人突然远离你还让人觉得难受的事了——倘若抛却尊容便无法生存，这样的高贵者是世间鲜有的——第三种东西就是皮肤对小刺痛的敏感，即对一堆琐碎的事情表现出的无可奈何。我认为这是由于抵抗力过度浪费所造成的。因为任何发自内心深处的创造性行为，必定会消耗一定的抵抗力。然而，小的抵抗力一旦被消耗就不能再补充了。当新的能力不增加，人们也渐渐不再消化，精力逐渐流失，人也慢慢地变得冷漠，而且越来越多疑——那怀疑往往只是因为一些还不太清楚因果的事。在这种境况下，我感觉到出于温和亲切的思想的回归，而接近了牲畜，甚至在我还没看到牲畜之前，这是因为群畜有着内在的温情……

六

这本书绝对是独一无二的。可以先不去理会它的作者，但确切地说，似乎从来没有人写出过这样丰富有利的作品。在这本书里，“狄俄尼索斯”成了最经典的概念，这可以算是最伟大的标志了，用它和人类的一切行为做比较，只能让人类的行为和事业显得贫瘠而有限。

在这样的热情和高度之下，歌德和莎士比亚都会觉得无法喘息。而但丁与“查拉图斯特拉”相比，仅仅只能算作一个有信仰的人，但不能算是最早创造信仰的人，他并不能掌控世界的命运，也不是跨时代的——而《吠陀经》的作者，只能算是行者，甚至给“查拉图斯特拉”当提鞋匠的资格都没有。上述这些都只是细枝末节，不足以用来形容此书蕴含的意义——对生命的广阔性和世界的寂寥性的解说，“查拉图斯特拉”永远有权利发言：我划定我生活的圈子，在周围设立神圣的界限，但能够与我一起登上高山的人越来越少了——我用越来越神圣的山峰建造延绵的山脉。就算将一切伟大的灵魂和美德化为一体，也不能够创造出能与“查拉图斯特拉”的其中一篇言辞相媲美的东西。这个创造者，他上下的山峰梯子无与伦比地长，他比任何人都看得远，比任何人的愿望都大，比任何人能做的都多。这全部精神中，最值得肯定的一个在于其中每一句都是矛盾的，因为对他来说，所有相对的事物都能够组合为一个新的个体。他认为人性中最伟大、最卑劣、最甜蜜、最简单，还有最可怕的力量都是从同一个源头喷发出来的，有着永不磨灭的稳定性。在此之前，人们不懂崇高是什么，更不知道何为真理。在对真理的启示当中，没有一点被预料到，也没有任何一个伟大的人猜透一丝一毫。这个真理在“查拉图斯特拉”产生之前，根本谈不上是智慧，谈不上是对灵魂的研究，更谈不上是说话的艺术。一切最平凡、最简单的事物，在这里就会变得新奇。连普通的话语在热情的渲染下也变得澎湃激扬，语言都化作了音乐，闪电照亮了无人知晓的未来。在语言回归形象的本质面前，甚至最伟大的象征力都变得苍白无力——“查拉图斯特拉”的创造者是怎样从高山上走下来和每个人亲切说话的啊！他是怎样与他的敌人们温柔握手的啊！又是怎样和他们抱有一样的感情的啊！在这里，人类都是可以战胜困厄的。“超人”学说也在这里得到了最大的体现——在没有边际的远方，人类一直认为伟大的一切，开始变得卑微。安详的性情、轻快的步伐、愤懑的怒气，以及勇敢的放纵，甚至一切“查拉图斯特拉”的典型特点，这些从来没有被人们想过的东西，他们的实质都是伟大的。“查拉图斯特拉”在浩瀚的宇宙里，在与相反事物的逐渐融合中，感觉到自己是一切存在中最伟大的东西。如果我们听到他是如何对这个最高形式下定义的，我们也会停止寻找能够与他媲美的人。

心灵是长梯，
通往想象的最深处；
心灵最宽广，
可以任意奔走、游荡、迷茫；
心灵具有必然性，
却总在嬉闹中步入偶然；
心灵的存在总会嬗变，
伴随着愿望和求索，
逃避自己的心灵，
总是在追着自己的影子前进；
最智慧的心灵，
总会听到愚者甜蜜的告白；
要爱自己的心灵，

因为万物总会在潮起潮落间不朽。

这就是狄俄尼索斯本身的精华所在。这里还有一种想法也是这样的。“查拉图斯特拉”这样心理学的问题是，用强烈的反对代替一切人类至今为止肯定的东西，那他怎么可能保持原来的反对态度呢？就比如这样一个问题：如果一个人肩负着命运的职能和重担，那他怎么可能轻松呢？“查拉图斯特拉”是一位智者——对于现实有着严厉敏锐的洞察力，思考过最深邃的问题，怎么可能在现实中生存并无所怨恨呢？甚至对这样不断轮回的生活也没有怨念，反而还增加了一种依赖，亲自肯定了一切事物，无限的认可和祈祷……这是不可能的。无论在多么深远的地方，我都要带着我的肯定……这就是狄俄尼索斯本身的含义。

七

这样如同精灵般的人在自言自语，他用的是什么样的语言呢？当然，必须是诗情画意的语言。我便是这种诗情画意语言的创始人。人们听到在日出之前“查拉图斯特拉”是怎样自言自语的呢（第3章，18节），这样一种如宝石般耀眼的幸福，这样一种如此神圣的温柔，在我之前，从来没有人说过。连狄俄尼索斯的忧郁，也成为灵感的源泉，比如，《清夜谣》便足以代表那一种不朽的悲伤，若没有光和力量的倾注，若失去太阳的热性，就注定了不能相爱。

夜里，我的心似即将喷涌的泉水，已随着轻风低鸣。

夜里，歌者在呐喊，一声一声刺透我的灵魂。

我开始心绪不宁，有万千的愁思想要倾诉。

我的心在呐喊，我渴望爱。

在这样的黑夜里，我呼唤光明。

光明到来时，我心生寂寥。

我在黑夜里漫游过，所以比任何人更渴望光明。

祝福你：

萤火和繁星！

你们得到了光明的馈赠！

当我身处光明中时，

我会兀自收敛那即将散去的光芒。

得到赐予固然是美好的，

但在梦里获得或许比赐予更激动人心吧。

我的贫穷源自我无休止的馈赠，

我最爱渴求的眼神和期待的表情，

有时，我也心生妒意。

一切赐予者都是不幸的，

正如我所有的困扰一般。

他们从我手中索取，我却触不到他们的内心。

他们和我之间永远隔着一条银河。

饥饿朝我伸出双手，

我只想让那些获取者痛苦，

我想攫取那些我所赠予的人所拥有的，

我对作恶如饥似渴。
假如他们向我伸出手，
我便趁机缩回，
就像在跌落时停顿的瀑布。
我想复仇，
这一切恶念源自我的寂寞。
我曾经给予，
又在给予中沉寂，
我的道德底线受到了严重的挑战。
坚持给予的人会慢慢失去同情心，
那炙热的泪水也不再为乞求者而流，
我伸出的双手慢慢也感受不到乞求者的颤抖，
我的心日益坚硬。
这一切，都源于寂寞。
我仰头，
在这荒凉的世间，
无数颗太阳在我头顶旋转，
它们用自己的光芒与黑暗对话，
唯独对我一人沉默。
太阳，你是发光者，
可你为何这般冷漠？
你只在自己的轨道疾驰。
暗夜降临时，

我的心因为寒冷而感到焦灼。

我渴望光明和热量。

夜里：我的渴望如一泓清泉倾泻而下，

夜里：所有的喷泉都低吟浅唱，

夜里：一切歌者都可放声。

我也是一个歌者，用心的声音奏响希望。

八

这样的诗，是从来没有人写过的，也没有人有这样的感觉，从未如此彷徨，除了神——狄俄尼索斯。太阳在光辉中的寂寞，这样诗情画意般的情感的倾泻，我们只见到过阿里阿德涅——除了我之外，谁知道阿里阿德尼涅怎样的人呢……类似这样的谜语是没人猜到的，我甚至觉得，没有人会认为这是谜语——“查拉图斯特拉”确定了他的任务（也是我的），人们应该弄清其意义：“查拉图斯特拉”就为肯定的本身，正当的判断甚至辩解过往的一切。

我在人群中漫游，

好似看到了未来的碎片，

而这，正是我渴望的未来。

我将碎片、谜，还有暗淡的偶然想象成一个整体，

这正是我最大的愿望和诉求。

如果没有诗人、解谜者，以及澄清偶然的人，

那我怎能忍受自己还是个人呢？

过去的一切解释，

那些带着悔意的言辞，

终究会随风远去，

我需要的，

是一个屹立的勇士，

敢于喊出“我要拯救世界”的豪言壮语。

在文章的另一处，他肯定了“人”对他来说是什么，非常严谨地说——并非爱或者同情的对象——“查拉图斯特拉”对人类的厌恶也有了很好的自制力：他认为“人”是雏形，是一种原料，一种需要打磨的石头。

不再祈求，不再品评，不再创造；

我只希望这种巨大的疲倦能够尽快远离我！

在我的认知中，

我只能感觉我自身意念的产生和转变，

如果我的认识是纯粹的，

那便是因为认识中有创造的意念。

这意念引诱我离开上帝和诸神：

假如有神存在，

又想创造什么呢？

我那炙热的创造意识，

时常驱使我重新走向人群，

就像锤子凿刻石头一般。
人啊！只是石头中的一个形状，
是诸多石块中的一个，
也是万千人的群像，
只是安静藏在这坚硬丑陋的顽石中。
当我的锤子用力敲打那牢房，
石头飞溅出一块块碎片，
那又何妨！
因为有个影像正在向我走近，
带着世间最轻快、悄然的步子。
超人的形象显露出来了，
诸神又与我何干！
……

这里我将提出另一种观点，为上文做了标记的诗句加以解释。狄俄尼索斯问题的先决条件，是显然需要有坚硬的锤子，在毁灭上获得的巨大快乐。“坚强起来”，这是一种命令，人们最基本的共识便是认为一切创造都需要更加坚强的后盾，这也是狄俄尼索斯本质上最明显的标志。

《善恶的另一面》——未来哲学的序幕

一

从现在开始若干年以后所要完成的任务，我都已经清晰明了地写在这儿了。我任务中肯定的一部分已经完成了，现在剩下否定和逆行的一部分了：重新估算价值，这是一场声势浩大的斗争——唤醒决定性的那一天。这里包括环顾四周寻找我身边的亲友，寻找那些能够帮助我完成毁灭愿望的同伴——从那时起，我所有的著作都将成为诱饵：也许我比任何人都擅长垂钓……如果钓不到鱼儿，那过错也不在我，可能是水里原本就没有鱼儿吧……

二

这本书（完成于1886年）在本质上来说可以算是一种对现代的批判，批判当时新的科学，新的艺术形式，甚至于批判当时的政治。同时也指出一种相反类型的代表，一种极不符合当时的潮流，但却非常高贵，非常有正面意义的典型。这是养出“君子”的书本，“君子”

这个词在这里有着极其高尚，极其智慧的含义。人们应该时刻保持这种勇气，去除不该有的惧怕，才能仅仅保持这样的风度……我们所为此骄傲的一切当下的事物，都被认为是与这种典型背道而驰的，而且被看成坏的品性，例如，那著名的“客观性”，“对不幸者的同情”，对他人的观念奉若神明和对没有价值的事物卑躬屈节的所谓“历史眼光”，还有类似“科学精神”之类的。如果你思考一下那本书是在《查拉图斯特拉如是说》之后写的，你们也可以想象到写这本书时我的生活方式了，这都赐予我当时对饮食的管理。我有那样的眼光，是因为我必须看得很远——“查拉图斯特拉”比沙皇更为有远见——这里就不得不清楚地洞察最近的事物，我们所处的时代和环境。人们在阅读所有章节时，能够发现随意改变那些可能产生“查拉图斯特拉”式人物的本质的事物，尤其在形式上。形式上的精深，目的上的完美，缄默艺术的形成，这些都是最基本的要点，而心理问题却是用相当的坚韧和冷酷去对待的——这本书没有任何一个字眼是与温和有关的……当所有的都恢复了，又有谁能料想到，创作像“查拉图斯特拉”那样的书所耗费的精力和体力不是短时间能够休养回来的……从神学的角度上来说——请仔细听这句话，我平时很少用神学家的口吻说话——上帝在他一天的工作完成后，像蛇一样盘踞在智慧树下休息：这样的他便不再是上帝了……他将万物创造得太过完美……魔鬼也不过是上帝在每个第七天工作倦息的另一种形象罢了……

《道德的谱系》—— 一篇辩论文

这三篇阐述道德传统学说的论文，在表现形式、宗旨，以及令人惊奇的手法上来说，可以算是最伟大的一次写作了。我们知道，狄奥尼索斯也是黑暗之神——每一篇文章的开头都让人感到错综迷离，开头是冷静的、科学的、冷嘲热讽的、刻意引人观望的，甚至是故意拖沓不行的。慢慢地不再安宁了，慢慢地开始出现电闪雷鸣，那极其令人难堪的真理渐渐从远方逼近——直到最后，在达到足够的速度之后，一切都被这巨大的力量逼迫着前进。而每次的终点，是在轰然的雷声中、在骇人的闪电里，黑压压的乌云里渐渐闪现出一个新的真理——第一篇文章的真理，所说的就是基督教的心理学了：基督教的产生并不是像大家所说的那样，出自“圣人的精神”，而是从悔恨之情中慢慢衍生的——他的灵魂本质是一种反抗运动，反抗着上流价值的统治的大暴乱。第二篇文章论说的是良知的心理学：这也并不是大众所认为的“上帝在人类心里的声音”，而是一种残忍的本性，在没有办法向外界宣泄时，便转向了自己。这是对残忍本性的第一次揭示，是一种最古老且最不可割离的文化底蕴。第三篇文章旨在回答下述的问题，避世主义和教士主义的巨大力量是从何起源的？尽管这种理想是极端有害的，是毁灭意念的，是荒唐颓废的。但事实上并非这样，就像大多数人所认为的，上帝在传教士的身后操纵，是因为没有比渴望更好的东西了——是因为它是到现在为止唯一的理想，以为它还没有遇到与它一样的对手。“因为人类宁愿渴望虚无缥缈的东西，也不愿意失去这份渴望……”而且，因为在“查拉图斯特拉”的思想出现之前，缺少着一种相反的理想——这一点大家也是明白的。三篇论文都是一个心理学家为着一切价值的重新估量而准备的。这本书首次涵盖了传教士的心理状态。

《偶像的黄昏》
——怎样以锤敲的态度研究哲学

一

这本读来令人轻松愉快的书还不到 150 页，但在语气里却充满火药味，像是恶魔的鼻腔发出的嘲笑。这本书成书时间极其短暂，短到我都不想说出具体的天数。这本书在诸多书中是个例外：没有哪一本书比它涵盖的实质性的内容更多，它更具独立性，更具摧毁性，更具灾难性。如果你只是想大概了解一下万物是如何颠倒运行的，那就从这本书读起吧。本书扉页上所说的偶像，简而言之就是被人们称为真理的东西。偶像的黄昏——再明确一点的表达就是：古老的真理即将消亡……

二

在这部作品中，任何现实性和“理想性”都有所提及。不仅有那些远古的偶像，而且还涉及最年轻的偶像。比如“现代观念”。当狂风刮过树林，象征真理的果实一一落地，这是对金秋时节最放肆的浪费。在追逐真理的道路上，人总是跌跌撞撞，有时还会遇到不知深浅的沼泽和迷雾，只因追逐真理的途径大多繁杂……但是，对于你紧握在手的东西，你要秉持信念，减少质疑，这便是决断的表现。只有你握有真理的标准，你才能如此决断。就像你突然冒出一个新的念头，而这个念头犹如一盏明灯，带给你跨越黑暗的力量。而你跨越的黑暗，别人都称它为“通向真理的坦途”……那些扰乱人视线的因素，总会让善良的人找不到出路……或许可以这么说，在我之前，谁也没有找到过真正的路，这通往真理的道路自我而起，从此有了载满使命的文化之路——而我便是这条路上的使者……正因如此，我便是命运。

三

在完成这本书的写作后，我连一天时间都没有荒废，立即抓住机会投身到重估一切价值的这项事业中去了。我的内心腾升起一种难以言说的骄傲，每时每刻我都在为着这部书去创作，一笔一画，从不停歇，就像在凿刻金石般，尽心尽力，而这一切都紧随着时间和命运稳步向前。1888 年 9 月 3 日的早上，我写完了序言。然后，我走出了住所，在郊外的原野上漫步，眼前的恩丁加山赐予我最明媚耀眼的一个晴天，一切的寒冰在北方的炎热中悄然消融，也正因为这个原因，我直到 9 月 20 日方才离开西尔斯—玛利亚，由于山洪阻延，我也成了这个奇妙之境中唯一的到访者，我真应当感谢这神圣的恩赐。同时，在这旅途中，出现了一个意外情况——我在深夜抵达柯莫湖时差点遇到生命危险。终于，在21日的下午，我到达了最适宜我居住的地方——都灵，从此，便想在这里长期地居住下去。我还是住在上半年待过的房子里，它位于卡尔洛·阿尔贝托大街6号3室，房子对面便是雄伟的卡里格纳宫，它也是维多利奥·伊曼纽的诞生地。在房子里，可远眺卡尔洛·阿尔贝托广场，凝望远山。这个时候，稍事休整后我又毫不犹豫地投入到了工作中，这本书还有四分之一没有完成。9月30日，我工作的第七天，终于大功告成了，我遂懒懒地到坡河边上去散步。那一天，我还在写《偶像的黄昏》的前言，并利用9月份休养的时间校对了此书——我从没想过会有这样的一个秋天，也从没想过在地球上会有这种事情发生的可能，这让人总会想到法国画家克劳德·洛兰的风景画，一望无际，让人总相信每天会有无数的可能。

《瓦格纳事件》——关于音乐家的问题

一

想要对这部作品有正确的认识，人们就应当为音乐的命运而感到担忧了，就像会为一个没法愈合的创伤而感到苦恼一般。那么，这些为音乐的命运而担忧的人为什么在苦恼呢？这是因为音乐的某些特性在逐渐消失，比如它用以美化和肯定世界的特性。它已经在趋向颓废，不再像狄俄尼索斯的笛子……然而，假如有这样一个人，他将音乐当作自己的事业，并将音乐的发展史当作自己的苦难史，那么这样的人所著的书便是温和而全面的。在这样的情况下，饱含愉悦的自嘲（带着笑意讲出真理，而真理无坚不摧）便是人道的根本。谁还怀疑我像个老炮手一样会向瓦格纳开炮呢——我始终保留对这件事情的判定权——因为我对瓦格纳是如此地热爱。但是，在我事业的发展道路上，对于“不了解的人”，别人很难想象我会去攻击这样或那样的对象——除了音乐世界里的一个大骗子卡里奥斯特罗外，还有很多“不了解的人”未被我察觉，一旦发觉，我必然会展开新一轮的抨击。我要抨击德意志民族，它的思想在日渐迟钝和贫乏，它不作任何选择，将一切矛盾当作食物，囫囵吞下，比如科学精神与“信仰”、反犹太主义和“基督的博爱”、权力意志（拓展统治领域）和自卑者的福音。但吞下之后，竟然没有半点消化不良的反应，真是有一个好胃口啊……这是一种极端而匮乏的选择！这是一种在肠胃中汇总的保持中立的“忘我主义”。这种源自德国唇舌之间的公正，竟然想将平等的权利赋予每一个人……毫无疑问，他们都是一群理想主义者……当我最后一次来到德国时，发现他们正要赋予塞京根的吹鼓手和瓦格纳同样的平等权利。并且，我亲眼看到，为了向一位最具德意志民族（这里的“德意志”是古老意义上）气息的音乐家海因里希·许茨表示崇高的敬意，在莱比锡还创立了一个李斯特音乐协会，它本质上只是辅助传播教会音乐的工具……毋庸置疑，德国人都是理想主义者……

二

在这里，没有任何东西可以阻挡我迈向粗暴的步伐，也没有任何东西可以阻止我向德国人说几点生硬的道理：除了我还会有谁去做这样的事情呢？——我想说说他们在历史上毫无节制的混乱。那些德国历史学家不仅对文化的价值和进展缺乏远见，而且都变成了政治上的附庸或者教会上的傻瓜：这种远大的目光甚至还会被他们猜忌。首先，你必须是“德意志的”，属于这个“种族”，然后才能判别和辨识历史上的一切价值或非价值——这是毫无疑问的……“德意志的”是一个根据，国歌中“德国，德国，高于一切”是一个原则，日耳曼人代表着世界上“合理的道德秩序”；和罗马帝国相比，他们是获得自由的人；与18世纪相比，又是道德和“绝对命令”的复兴者。既然有一种德国式的历史编纂学，我担心又会有一种反犹太民族的历史编纂学——甚至还有一种宫廷式的历史著作，冯·特莱茨克先生是不知羞耻的……

最近，又出现了一种新的荒谬的批判形式，它是根据已经去世的施瓦本人美学家费舍说过的一句名言发起的，在发行流传的德文报纸上，这句话被视为“真理”，而每个德国人也都必须赞成这句“真理”，还认为“文艺复兴和宗教改革时代，这二者结合起来便形成了一个整体——美学的再生和道德的重生”。这句名言让我丧失了所有的耐性，我觉得很有意思，我觉得应当告诉德国人，他们应该对哪些事情负责。他们的内心背负着400年来所犯文化罪恶的包袱！……并且，往往是因为这个缘故，他们的内心深处对于真实存在一种排斥和抵触，即无法直面真理。慢慢地，他们养成了一种不好的习惯，他们在逐渐变得虚伪，这是“理想主义”在隐隐作祟……德国人让欧洲丧失了那个伟大的时代（文艺复兴时代）最后的成果和意义。那个时候，一种高尚的价值秩序，一种对生命价值的肯定，一种对未来有远大意义的价值，正要胜出，甚至取代那些没落的甚至与其对立的价值，在人们心中树立形象的时候，教会和基督教也正要走向末路的时候，路德！这个可恶的僧侣，恢复了教会，甚至恢复了基督教……基督教的教义，便是对生命意志的否定……路德，这怪异的僧侣，正是因为他的“怪异”，先是对教会进行攻击，后来，又转而恢复教会……天主教徒或许可以为路德办纪念会，创作路德诵进行赞美……路德和“道德的重生”！这一切的心理学都见鬼去吧！毫无疑问，德国人都是理想主义者——有两次，德国人以巨大的勇气和自我鼓励取得一种完美的、清晰的、科学的思考方法之后，他们从此便走上了旧式的“理想”之路，有了真理和“理想”之间的协调，其实，这只是一种否定科学、继续行骗的方式。莱布尼茨和康德，这两个人便是铲平欧洲人智慧的两大铲子！——直至最后，当这两个颓废世纪之间的桥梁上出现一种具备天才和意志的强大力量时，它便可以让欧洲的政治和经济成为一体，从而建立全球政府，德国人也因其“独立战争”而使欧洲失去意义，失去拿破仑时代存在的一切意义和奇迹。因此，他们应当为已经发生的和现在仍旧存在的事情负责，这病态和荒谬的对文化的反对，民族主义，这病态的民族主义使得整个欧洲失去了本身的意义，这些欧洲的小国和不值一提的政治，他们损伤着欧洲本身的意志和理性，他们将欧洲引入了一个狭窄的死胡同中去了——除了我之外，还有谁知道走出这条死胡同的正确道路么？……还存在这样一个伟大的问题，谁知道该如何将各民族重新联合起来呢？……

三

——为什么我不能将我的疑虑公之于众呢？倘若德国人得知我的这一情况，必定会异常纷扰，力求让这伟大的命运只生产出一只类似小白鼠一样的物件。直到现在，他们依旧在诋毁我，但我也心存疑虑，或许将来的某一天，他们会变得好起来。——但愿我只是在这里做一个只对他们不好的预言家……我的普通读者和听众，现在都是俄国人，斯堪的纳维亚人和法国人——他们的人数会不会越来越多呢？——在认识论上，德国人是以含糊其辞的名号被载入史册的，他们中往往会出现一些“不自觉的”行骗者（——费希特、谢林、叔本华、黑格尔、施莱尔马赫，以及莱布尼茨和康德，他们都够得上这个称呼，他们都是制造虚假面具的骗子和戴着面具的伪装者——），他们的思想与德国人的思想是一致的，他们都不配享有思想史上最荣耀的称号，因为4000年以来，在思想史上，真理都是对欺骗行为进行批判。“德国的思想”于我而言，像是污浊的空气，德国人的语言和他们的心灵统统散发着丑陋而愚昧的气息，这让我感觉异常压抑，呼吸困难。他们不像法国人，有机会经历17世纪那种真正意义上的严格的自我反思。那些一流的德国人，比起拉罗什福柯和笛卡尔，显然有天壤之别，因为这两个人的通达比那些所谓的一流的人要强出百倍。至今为止，德国还没有出现过一个真正意义上的心理学家。而判定一个种族纯粹与否的标准便是心理学……如果一个人不纯粹，怎么可能拥有深度呢？面对德国人，就像面对一个女人一样，根本无法谈及可以深度思考的话题，因为他们本身就是肤浅的，并且找不到根由，这便是一切。有时甚至连肤浅都算不上。——在德国人眼中，所谓有深度的东西，恰恰是我所说的本性中的不纯粹：他们永远都不想了解自己的本性。我或许可以提出这样的建议：把“德国的”这个词当作国际通行货币用来代表这种心理上的愚昧。……比如，德国皇帝目前将解放非洲奴隶作为他的“基督教义务”：在我们这些另外的欧洲人看来，这句话可以被简称为“德国的”……在德国，可有人曾创作出一部有深度的书吗？他们或许连深度是什么也不懂吧。我认识的许多学者，他们认为康德非常有深度；但是在普鲁士宫廷中，人们或许会认为冯·特莱茨克先生更有深度吧。偶然的机会，我遇到一些德国大学的教授时，他们认为司汤达是一个心理学家，并且，他们会经常向我提到司汤达的名字……

四

——为什么我不率性一吐为快呢？我可不是喜欢吞吞吐吐的人，我要将真相告诉人们。被人们当作一个蔑视德国人的人，是我最大的雄心。我对于德国人的品性早就有所质疑。在我 26 岁时就有过对这种怀疑的证明（见于《不合时宜的思想》第 3 部分），——我无法接受德国人。假如我能想到一个人，他能让我的所有情绪都变得反叛，那他必定是德国人。我对于一个人品性的考察，最首要的一点便是在他身上是否能看到距离感，是否能看到人与人之间随处可见的等级、分寸和地位，看他是否有别于人，看他是否有高贵的血统，这样一来，他才拥有一个绅士应有的品格。如果没有，那他自然而然地成了那可爱的温顺的一类人了，而这类人，便是下等的、低劣的一类。但德国人都是如此低劣啊！他们却都不以为然……人们一旦与德国人交往，便是不惜贬低自己：德国人一视同仁……我除了与几位艺术家的交往，尤其是理查德·瓦格纳，我实在没有和德国人度过半点美好的时光……假设德国人中间出现几个世纪以来最深邃的思想，那么任何一个古罗马城堡中的女守护者都会认为，她那丑恶的灵魂也应当得到同样的恩惠……我实在不能忍受这个种族，实在不能与这个种族同流合污，这个种族对色彩一点也不敏感——可悲啊！我又是这么一个对色彩敏感的人……我对于走路的智慧要求极高，德国人的脚下一点智慧也没有，因此他们根本就不会走路，他们就像只有腿却没有脚的物种……他们却并不会因此而感到可悲，而这才是最可悲的——他们对于自己身为德国人丝毫不感到羞耻……他们加入其他人的谈论中，用空洞的语言夸夸其谈，自以为很有洞见、很高明，我在想，他们或许已经对我也有高明的看法了……我这一生都在严格地证明着这几句话。我在努力寻找他们认为的人应有的格调和雅趣。在犹太人那里找到了，德国人却没有。我对待别人素来和缓，并且葆有爱心，——我不会对别人区别对待，这并不妨碍我睁开眼睛看世界。我并没有把任何人当成例外，尤其是我的朋友。并且，我希望我的这种态度不会引起任何纠纷或者关系的破裂！往往通过五六件事情，我便可以鉴定一个人的品格是否尊贵。但是无论怎样，这些年来我收到的信里，每一封信都饱含冷嘲热讽的意味：对于我的善意的嘲讽要多于对我的憎恨……我的朋友曾当面告诉我，他们认为阅读我的每一部作品都是没有任何意义的；我从一些细枝末节里觉察到，他们其实是根本没有读懂我的作品，也不知道我要表达什么。对于我的《查拉图斯特拉如是说》一书，我的朋友除了从中看到了一些无伤大雅、无关紧要、甚至夸张的道理之外，还能从中获取什么呢？……10 年时间过去了，在德国竟然没有一个人有一丝良心上的不安，也没有人站出来维护我，他们只是沉默，而这沉默终将摧毁他们。直到有个外国人的出现，才打破了这一可怕的沉默，他是一位丹麦人，本身具备着一种敏锐和勇武，他站了出来，并开始向我的那些所谓的朋友提出质疑……去年春季，乔治·布兰德斯博士在哥本哈根讲授我的哲学思想，因此，这件事也证明了他是一位真正意义上的心理学家。而今天，在德国，有哪一个大学能够有人像他一样讲授我的哲学思想呢？我本人对于这一切倒并不觉得苦恼；这些东西不会对我有丝毫损伤；我是一个极其热爱生命本质的人。但是，这不能阻止我去冷嘲热讽，我甚至喜欢对整个世界进行冷嘲热讽，于是就在《重估一切价值》这本书发出撼动世界的雷鸣声之前，我又推出了一本《瓦格纳事件》，德国人将会因此而再度对我发起攻击，以使自己永垂不朽！正好还有一点点时间！——达到目的了吗？——别让气氛太凝重了，我的日耳曼先生们！我要向你们致意……为了不失去朋友，方才还收到一位年纪稍长的女性朋友给我写的信，信里有她的嘲笑……此刻，对我没有温和，也失了敬畏，这一切的责任在于我。因为我肩负人类的命运……

我为什么便是命运

一

我对自己的命运胸有成竹。未来有一天，我的名字必定会和一些令世人惊讶而恐惧的事情扯上关系，这将是一种世间未曾出现过的巨大危机，是世人和自己良心的一场大决战，也将会是对那些被信仰的、被需索的、被神圣化的东西的一场最后的判决。你要知道，从某种意义上讲，我并非人类，我是炸药！——然而，我的行为和心里绝对没有宗教首领的气息—— 一切宗教都带着卑劣的痕迹，与那些教徒接触之后，我必然去洗手……我想我并不需要虔诚的信徒或者追随者，因为我连自己都不太相信，我也从不会到群众中去游说、演说……我最大的恐惧便是，未来有一天，人们奉我为圣哲！那时，人们便会产生猜疑，这也是我为什么提前出版这本书的缘由，我就是为了提防人们到时候兴风作浪……我才不愿去做什么圣哲，我宁可去做一个傻子……也许，我本来就是个傻子……即便这样，或者说，即便不是这样——因为至今为止我还没有发现比圣哲更具有欺骗性的呢——我要说的，全是真理——但我的真理是可怕的：因为至今为止，人们总习惯将谎言当作真理——重估一切价值：这便是我对人类自我意念反省的最高境界和最准确的表达方式。我的期望便是成为一个正直的人，因为我看透了这世界上千百年来的欺骗……我是真理的最初发现者，因此才发觉了谎言之所以是谎言的原因。我有无比灵敏的嗅觉，我那天才的能力寄寓在我的鼻孔中……我又是一个极端的反叛者，我以否定精神批判着那些谎言的传播者。我是传递快乐的使臣，我知道那些从未曾有过的事情，也知道至今为止都未被命名的各种富有高度的问题；这一切将自我而始，一切都将重新获得希望。然而，正因为这一切，我便注定是一个不幸的人。因为真理和谎言之间的持久战一旦打响，这世界注定会有一次大的震荡，山川也有可能因此失色，这将是一个从未做过的梦啊！政治上的趋向，将全部上升为精神上的斗争，这一切建立在谎言与欺骗上的陈旧的权威，都将被轰炸得粉碎，最后慢慢消失在即将黯然的天际。战争即将到来，地球上将会爆发一场前所未有的战争，从我开始，世界上将有一场翻天覆地的变化，它便是伟大的政治。

二

想要给人类未来的命运寻找一个蓝图吗？——它便存在于我的《查拉图斯特拉如是说》一书里。

——若想成为善与恶的缔造者，首先就要做一个毁灭者，将以往的一切价值都统统打破。

如此一来，最大的恶也会变成最大的善：而这里的善又是带有创造性的善。

我就这样成了世间最可怕的人，与此同时，我也是世间最慈善的人。我了解破坏的旨趣，这与我所能达到的破坏程度相协调。——在这两种情况下，我都会听从我的狄俄尼索斯的天性，这种天性将“无为”和“肯定”连在了一起。我是第一个非道德主义者，因此，我将成为破坏力最强的摧毁者。

三

人们从未向我提出疑问，其实，你们应该向我发问，在我的口中，在第一个非道德主义者的嘴里，“查拉图斯特拉”这个名词到底有着怎样的内涵？因为这个人的独特性在历史上创造的价值，正是与此相对的东西。“查拉图斯特拉”在善与恶的交战中首先看到了事物本质的运行规律——便是将道德伦理转换为形而上的东西，并将力量、原因和目的本身作为他的工作。但是，从根本上来说，这个问题本身也包含了他的答案。“查拉图斯特拉”创造了一个极其错误的范畴：道德。所以说，他有着比任何思想家都还有远见的、更为丰富的经验——人类全部的历史无非是对所谓的“道德世界秩序”这句话实验性的反驳——更为重要的是，“查拉图斯特拉”比其他任何的思想家都真实。他的学说是唯一的，并将真实奉为最高准则——这便与懦弱的“理想主义者”对现实的逃避相对；“查拉图斯特拉”具有的力量超过了一切思想家力量的总和。实事求是、有的放矢，是波斯人的美德——有人能听懂我所说的意思么……道德因真实而立，非道德主义者——我，将会因失败而有所获益，这便是我口中“查拉图斯特拉”这名词的含义所在。

四

事实上，我所说的非道德主义者这个名称，包含两种否定。第一种，我一直否定那种至今为止被认为最高尚的具有典型性的人物，比如那种最善良的、最慈悲的人，最乐善好施的人；第二种，我对那种占据统治地位的极具影响力的人倒持否定态度，在我看来，这是一种颓废的道德，更确切地说，便是基督教的道德。这里，第二种否定更为深刻，因为从大体上来看，所谓善意与慈悲的夸张都是道德颓废产生的结果，可以看作是一种病态的软弱，这与积极向上的、肯定的人生背道而驰：从善良者的心理上来看，肯定的生活是以否定和破坏为前提的。想要评估一种典型人物的价值，必须将维持这种人物生存的条件纳入考虑范围，必须知道此类人的生存条件。善良者的生存条件是谎言：换句话说，就是无论怎样，不想直视现实到底是如何的，真实原本不是对善意无时无刻的苛求，更不会容忍那些盲目者肆意的干预。将一切困境视为前进道路上的阻滞而想着必须去除，这真是一种愚蠢的想法，一般而言，这是一种不纯粹的结局，一种愚蠢的晦气——甚至愚蠢到像那些贫苦的人跪求老天爷去除坏天气一样……从整个的经济方面来说吧，现实的恐怖（在影响、愿望及权力意志上）比起那些微小的恩惠（所谓的“善意”者）更有必要，而且，因为这种“善意”的决定权存在于虚伪的本性中，所以，更应采取宽容的态度。我可以用充分的史料证明这种乐观主义（乐观主义者的产物）所产生的后果。“查拉图斯特拉”是懂得这个道理的第一人，这个道理便是：乐观主义者其实同悲观主义者一样颓废，或者危害性更大，他认为善良的人永远不会说真话。善良的人只是将人们引向虚伪的悬崖边和所谓安全的地方，而人们不明真相，只是在善良者的谎言中生存、死去。一切的一切都被所谓的善良的人欺骗和蒙蔽了，而且这种观念早已深入人心，根深蒂固。幸好这个世界不是只建立在人性的基础之上，并非像那些懦弱的群居动物一样只会啃噬一些微小的恩惠，以求一切都成为善良的人、合群的兽类、蓝眼睛的人、仁慈的人、灵魂美丽的人——或者是像赫伯特·斯宾塞[①]先生所希望的那样，都能无私，懂得生存的伟大意义，这样一来，只会让生命失去最基础的特征，这是一种对人类的阉割，中国有人这样做过了，这是一种损害人类的把戏——而且这种事情，人们已经尝试过了……这也曾被称为“道德”。……从这一方面来说，“查拉图斯特拉”将这类人称为“最后的人们”，或者是“末路的起点”。总之，因为他们的生存条件不仅会损坏真理，而且势必以牺牲未来为代价，所以他们将是一群有害的人。

善良的人们——他们不会去创造，他们只会充当末路的起点……

——他们将新的价值书写在新图板上的热门钉在了十字架上，他们为了自己而破坏着将来，他们也把整个人类的未来钉死在了十字架上！

善良的人们——他们只会充当末路的起点……

不管欺骗世界的人们将会怎样损害世界，善良的人对于世界的损

---

① 赫伯特·斯宾塞（Herbert Spencer，1820~1903年）：英国著名社会学家。

害，才是最严重的，最具毁灭性的。

五

“查拉图斯特拉”是善良的人，也是第一位心理学家，理所当然，他便成了恶人的朋友。如果一个颓废的人想要进入最高的阶层，也只有牺牲与其相对的类型的人（即肯定的、强大的人）才有可能。如果像牛羊一样的大多数的动物在极其纯洁的道德中发出耀眼的光芒，那么，那些特殊的少数部分则会被贬为低劣的一类了。假如一定要为虚伪戴上“真理”的面具，那么，原本所寻求的真实必定存在于名声最坏的那部分里。“查拉图斯特拉”对此毫不迟疑，他说：正是因为认识了所谓善良的人和“最好的人”，他才对整个人类感觉到恐惧；从此，因为这种感情而生出了翅膀，带他“飞向更加辽阔的未来”。他也并未否认，他这种典型人物，正是相对的超人的典型，比起善良的人来是超人，但所谓善良的人和正直的人也许认为他与魔鬼无异……

你们这些高尚的人们呵，我的目光一旦触及你们，眼神里有的一定是对你们的怀疑和窃笑。我能猜到，你们肯定将我的超人视为魔鬼了！

你们的灵魂与伟大的东西相距甚远，以至于在你们眼中超人的善意是极其可怕的……

这儿如果稍微有能看明白的人，就能知道“查拉图斯特拉”的用意所在：他正在孕育这样一批人，他们可以看清现实的真实面目，他们内心足够强大，以至于不会偏离现实，他本身便是现实，他们本身有着现实中的犹疑与恐惧，然而正因如此，真正伟大的人才得以凸显……

六

但是，我还必须对“非道德主义者”这个名词作更进一步的解释，好将其作为我的标识和荣耀；对于这个名词，我感到颇为自豪，这使得我从全人类中脱颖而出。迄今为止，还没有人能感觉到基督教道德对自身的危害，因为想要认识这一点必须要有一种高远的见地和前所未闻的积累的深度。基督教的道德是一切思想家的怪物，思想家愿意为之效劳，并且受之奴役——那里散发着理想的毒雾，这便是世间最大虚伪！有谁已经落入这毒雾中了呢？谁能猜到这其实是个陷阱呢？除我之外，在哲学家中，又有谁是心理学家呢？又有谁不是心理学界的对立者，不是“大骗子”和“理想主义者”呢？所以，我敢说，在我之前，根本就没有心理学——在这里，胆敢做第一个心理学家有可能会被诅咒，无论如何，这便是命运：因为作为第一人，也自当藐视无知的人……对于人类的厌恶情绪对我而言是一种危险……

七

你们真的能理解我吗？——所以能让我区别于其他人，并且能有明确界限的地方，在于我发现了基督教道德。因此，我有必要在这里再一次说明，这里也自当包含每个人心中的诉求。以往未曾发现这点，但这又是十分有必要的，它是一种对于人类的责任，也是人性中的污点，一种自我欺骗的本能，还有一种漠视现实的惰性，这在心理学上是一种严重的犯罪。对于基督教的盲目，是一种深重的罪恶——是对生命的犯罪……千百年来，自始至终，很多民族、哲学家和老妇人——除了历史上铭记的仅有的五六次，我便是第七次——在这个观点上，大家都认为值得珍视。直到今天，基督教徒仍旧是一种“有道德的存在者”，是无与伦比的罕见稀奇之物——因为他为道德而生，他可能比任何伟大的人类都要矛盾、虚伪、肤浅、轻佻，这是一种自我毁灭，或者更甚。基督教的道德是一种带有欺骗性的意识，是促使人类走向堕落的怪物，他们也在毁坏着人类。让我感到惊讶的，不是对错误的直视，不是几千年来的“善良的意愿”，不是在取得胜利的时候缺乏勇武的精神；而是一种天性上的缺失，这是一种极其恐怖的势态：将对天性的反叛视为道德，享受至高无上的光荣，将其作为法则、风俗教化，并成为高悬在人类头顶之上的命令……如果遵从这种标准，不仅个人、民族，甚至整个人类世界斗湖陷入迷雾……教育人们蔑视生命的本能，虚造出一种所谓的“灵魂”、“精神”来损坏人们的肉体；教人在生命的前提条件中，也就是最自然的两性关系中，找出一些不洁的感觉；在人类生存发展的前提下，在严格的自我控制中（这词本身就是存疑的！）找出恶意；而在这些象征堕落的表述中，这些对于人类本能的违反现象，一些牺牲人类本性为代价的事实，在“丧失人格”和“仁爱”（仁爱病）的事态发展中，我看到了所谓高尚的价值和其价值的本来面目……那又能怎样呢？人类本身就存在于这样的堕落和愚昧之中吗？或者是从来都是这样的。——然而，有一点是毋庸置疑的，那便是人类被教育着，并且只接受着这样的教育：那些颓废的价值才是最高的价值，才是值得追求的价值。“丧失人格”的道德本质便是堕落的道德，“自我的牺牲”这种价值观念被当作一种命令口耳相传，但人们对这种命令却不以为然，最终只能走上全部都要毁灭的道路！这是一直以来被人们所信奉的所谓的唯一的道德标准，这是一种丧失人格的表现，昭示着毁灭即将前来叩响你的大门，因为这在根本上是否定生命的。——从这些现象中可以看出，“人类其实是处在一个不断地蜕变过程中的”这种可能性只是那些寄生虫般的教士，在打着道德的旗号四处行骗的工具而已，他们将自己所宣扬的道德列入自己认为的价值观念里，并将基督教的道德当作攫取权利的工具而已……所以，在我看来，这些教师、神学家、领导人类的，实际上是一群颓废主义者，因为他们所宣扬的道德实际上是违背人类生命本质的……道德的含义：道德是属于颓废主义者的，他们带着欺骗的目的在报复生命，并且取得了一定的成效。我重视这个定义。

八

——你们能够理解我吗？——我现在所说的话并无新意，因为早在5年前我就通过“查拉图斯特拉”之口说过了。——对于基督教的道德的探究，真可算得上是一件非同寻常的事件，当然，这也是一件不幸的事。谁能将这点阐述明白了，谁便算得上是一个强大的人，是一种命运，——他将人类史分成了两部分。人们曾生活在有他之前，也将生活在无他之后……真理的闪电刚刚击中了一些至今为止的高高在上者：谁能知道闪电摧毁的是什么东西，谁便能明了自己手中还紧握着一些什么。一直以来被冠以“真理”之名的东西，现在都被认为是有害的、凶险的、卑劣的、充满欺骗的形式。“改善”人类这个词只是个神圣的措辞，只会用欺骗的形式蚕食生命的精华，吮吸生命的血液。道德被认为是一个吸血鬼……谁能掀开道德的面具，谁就会看到过去人们所信仰的价值其实都是毫无价值的；他会看到一切得到人们尊崇和敬仰的神圣的人们是毫无可取之处的，因为耽于幻想，他在其中看到了最卑劣的东西，那是一直蛊惑人心的东西……发明出“上帝”这种与生命相对应的概念，——“上帝”这个概念中又有一切对生命有损害的、有毒性的、恶劣的东西，这也是生命的死对头，它们被全部纳入到了一个系统里。

九

——你们理解我了吗？——狄俄尼索斯反对着那个被钉在十字架上的人……

附录　尼采生平大事记

1844 年 10 月 15 日，尼采出生于普鲁士萨克森州的勒肯。父亲是新教牧师，外祖父也是牧师。

1849 年，父亲和弟弟相继离世，母亲带尼采及其妹妹迁往瑙姆堡。

1854 年，就读于南堡文科中学，对音乐和文学极有兴趣。

1858 年，进入普夫达中学，学习古典课程。

1861 年，患病休学，接受基督教洗礼。

1864 年，进入波恩大学，学习古典语言学和神学。

1865 年，进入莱比锡大学，攻读古代语言学。偶然的机会，读到了叔本华的《作为意志和表象的世界》，开始接触叔本华的哲学思想，这些思想成为他哲学思考的开端。

1866 年，与埃尔温·罗德（Ervin Rohde）开始交往。

1867 年，10 月被征召进入南姆堡炮兵联队，行军途中，从马上摔下，胸骨受伤，因此退役。

1868 年，尼采的导师向巴塞尔大学推荐了尼采，并预言尼采必将是位天才。此年 11 月 8 日，初识瓦格纳。

1869 年，尼采受聘到瑞士巴塞尔大学任教，教授古典语言学。4 月脱离普鲁士国籍，正式成为瑞士人。5 月首次拜访了瓦格纳，并于此月 28 日发表题为“荷马和古典语言学”的就职演说。

1870 年，3 月升为正教授。8 月爆发普法战争，志愿从军并担任卫生兵，染上赤痢和白喉，因此退伍。10 月重返巴塞尔大学。

1871 年，开始创作《悲剧的诞生》。

1872 年，出版了第一部重要著作《悲剧的诞生》。

1873 年，《不合时宜的思想》第一篇出版。

1874 年，《不合时宜的思想》第二篇、第三篇正式发表。读到法国作家司汤达的代表作《红与黑》，触动极大。

1875 年，与音乐家彼得 · 加斯特（Heinrich Koselitz）初相识。

1876 年，《不合时宜的思想》第四篇于 7 月出版。9 月因病情加重，离开巴塞尔大学休假。

1877 年，重回巴塞尔大学授课。

1878 年，与瓦格纳绝交。

1879 年，因眼疾严重辞去了巴塞尔大学的教职，开始了为期十年的漫游生活，创作也进入了黄金时期。

1880 年，《漫游者和他的影子》正式发表。

1881 年，《朝霞》写稿。

1882 年，与露 · 莎乐美有了交际。5 月《快乐的科学》出版。

1883 年，瓦格纳病逝。撰写《查拉图斯特拉如是说》。

1884 年，主要著作《查拉图斯特拉如是说》出版。

1885 年，撰写《善恶的另一面》。

1886 年，《善恶的另一面》正式出版。

1887 年，发表了《道德的谱系》。

1888 年，完成了《偶像的黄昏》《瓦格纳事件》等著作。

1889 年，1 月 7 日，在意大利摔倒在街头，在呢都灵大街抱住一匹正在被马夫虐待的马的脖子，并且神经错乱，出现精神分裂症状，被送进耶拿大学医院精神科，从此，在母亲和妹妹的照料下生活。

1897 年，母亲在复活节去世，和妹妹迁往魏玛。

1900 年，8 月 25 日，在魏玛去世，葬于故乡洛肯镇，享年 55 岁。